Erika Berthold
Rainer Käsgen
Harald Ott-Hackmann

So sollst du sein

Wie Familiengeschichten
die Persönlichkeit prägen

Rowohlt Taschenbuch Verlag

Herausgegeben von Bernd Gottwald

Originalausgabe
Redaktion Hella Knappertsbusch
Veröffentlicht im Rowohlt Taschenbuch
Verlag GmbH, Reinbek bei Hamburg,
Oktober 1999
Copyright © 1999 by Rowohlt
Taschenbuch Verlag GmbH,
Reinbek bei Hamburg
Umschlaggestaltung Büro Hamburg,
Susanne Reizlein (Foto: New Eyes)
Satz Sabon PostScript, PageOne
Gesamtherstellung Clausen & Bosse, Leck
Printed in Germany
ISBN 3 499 60638 0

Inhalt

7   Vorwort

     Elsas Geschichte
15 *ODER*
     Das verlorene Kind

     Sabines Geschichte
25 *ODER*
     Reden ist Silber und Schweigen Widerstand

     Juttas Geschichte
30 *ODER*
     Du paßt auf mich auf und ich auf dich

     Annes Geschichte
38 *ODER*
     Ein Schutzschild wird zur Last

     Benjamins Geschichte
43 *ODER*
     Ein frühes Drama als später Film

     Frau L.'s Geschichte
52 *ODER*
     «Unwertes Leben» aufwerten

     Monikas Geschichte
58 *ODER*
     Abschied von Tradition und Erbe

Frau P.'s Geschichte
68 ODER
Hauptsache «ordentlich»

Ruths Geschichte
72 ODER
Ich gehe nicht, wenn ich nicht weiß, wohin

Heikos Geschichte
87 ODER
Der Zwang zur Integration

Petras Geschichte
101 ODER
Die stehengebliebene Zeit

107 Selbsterkenntnis und Hilfe
Ein Seminargruppengespräch

134 Die Familienskizze

143 Literaturempfehlungen

Vorwort

«So sollst du sein» – der Titel des Buches, verbunden mit dem Bild eines älteren Menschen und eines Kindes, löst vielleicht Widerspruch aus. Man hat das Gefühl oder sogar die Gewißheit, diesen Satz schon einmal gehört zu haben. Seine mächtige Wirkung im Sinne einer starken Bindung an familiäre Traditionen hat etwas Bedrohliches, und man spürt förmlich die Anstrengung, sich aus den Fesseln des Satzes zu befreien.

«So wie meine Mutter will ich auf keinen Fall werden.» Oder: «Mein Vater hat die ganze Familie dominiert; endlich bin ich aus seinem Schatten gesprungen.» Wer kennt solche Sätze nicht? Sie beschreiben den Versuch einer Lösung, wenn es darum geht, den eigenen Weg, die eigene Identität zu finden. Um diesen Weg zu beschreiten, brauchen wir eine Vorstellung von dem, wovon wir uns unterscheiden wollen, eine Vorstellung von der Welt des Menschen, dem wir nicht zu gleichen wünschen.

Andererseits kann der Satz «So sollst du sein» auch Orientierung, vielleicht sogar Sicherheit und Schutz bieten. In Familien, deren Mitglieder schlimme Erfahrungen machen mußten, vermittelt er womöglich das Gefühl der Gewißheit, trotz allem zusammenzugehören und so zu überleben.

In unserer Arbeit gehen wir von der Grundannahme aus, daß die Botschaft der Familie einen Nachkommen nicht festlegen kann. Jeder Mensch entscheidet in allen Lebenslagen aus sich selbst heraus, wie er die Fragen dieser Welt für sich beantworten möchte. Dabei nutzt jeder Mensch seine Umwelt, seinen Kontext, um die eigenen Ideen zu kommunizieren und so zu prüfen, ob sie nützlich sind.

Betrachtet man das Bild auf dem Titel, liegt es nahe, anzunehmen, es handele sich bei den dargestellten Personen um Großvater und Enkel, um eine Beziehung also, die zum Erfahrungsbereich der meisten Menschen gehört. Fast jedem fallen Geschichten über die eigenen Großeltern oder gar Urgroßeltern ein, über

Begebenheiten aus ihrem Leben, lustige und traurige, sensationelle oder alltägliche. Geschichten über besondere Fähigkeiten und Stärken, über wunderliche Verhaltensweisen oder Schwächen. Geschichten über Menschen, die sich ihre Zugehörigkeit zur Familie hart erkämpfen mußten, oder Geschichten über Personen, denen es mißlang, sich aus den Fängen der Familie zu befreien. Nicht wenige Menschen jedoch werden den freundlichen Großvater auf dem Titelfoto reibungslos in ihr Bild von der Welt und von der Familie einfügen. Wie auch immer – Gespräche über das Thema der Herkunft, die wir mit anderen Menschen führen, verleihen unseren Erzählgemeinschaften einen gemeinsamen Sinn, den wir immer wieder neu hervorbringen.

Soziale Systeme entstehen in Kommunikation, sagen uns Theoretiker wie Humberto Maturana, Kurt Ludewig und Niklas Luhmann. Auch die Familie ist ein soziales System, da ihre Mitglieder auf vielen verschiedenen Ebenen und nach allen Regeln der Kunst kommunizieren. Das Gespräch in der Familie und über die Familie ermöglicht aber auch das Entstehen anderer sozialer Systeme. So reden wir mit unseren Angehörigen über freudige Ereignisse wie über schwierige Situationen und versichern uns dabei ihrer Anerkennung wie der Unterstützung bei der Bewältigung von Problemen. Im Austausch mit Freundinnen oder Freunden, mit Bekannten und Nachbarn, holen wir uns Anregungen, um mit unseren Kindern oder Eltern besser zurechtzukommen. Am Arbeitsplatz tauschen wir uns mit Kolleginnen und Kollegen aus, um unsere Aufgaben besser lösen zu können. Wir sprechen über Kochrezepte, über Filme oder Bücher, über Politik und den letzten Urlaub.

Ähnlich und doch anders verlaufen die Gespräche über Familiengeschichten während unserer Beratungen oder Therapiesitzungen. Wieder haben wir es mit einem sozialen System zu tun, mit einem Spezialfall allerdings. Im System, das ein Ratsuchender und ein Therapeut bilden, geht es ebenfalls darum, einen gemeinsamen Sinn zu erzeugen. Dieser gemeinsame Sinn aber besteht darin, an der Entwicklung einer Lösung für ein aktuelles persönliches, familiäres oder Team-Problem zu arbeiten.

Dabei wählen wir die Familiengeschichte als Thema und Erklärungsgrundlage, denn wir haben festgestellt, daß wir über dieses Thema schnell mit hilfesuchenden Menschen ins Gespräch kommen. In der systemischen Theorie heißt das: Wir haben gute Erfahrungen mit der Anschlußfähigkeit gemacht, denn Familiengeschichten eignen sich als Kommunikationsinhalt hervorragend, neue Lebensstrategien zu entwickeln, und der thematische Konsens mit dem Hilfesuchenden läßt sich schnell herstellen.

Die systemische Theorie geht weiter davon aus, daß Menschen operational in sich geschlossene Systeme sind. Das heißt, sie organisieren ihre Entwicklung aus sich selbst heraus und greifen dabei auf ihre eigenen Systempotentiale zurück. Auch Familien scheinen als soziale Systeme dieser Idee zu folgen. Man könnte sagen: Sie unternehmen den Versuch, sich kontinuierlich zu reproduzieren. Der Großvater gibt also seinem Enkelkind auf den Weg: «Werde Handwerker, denn seit Generationen sind Handwerker aus unserer Familie hervorgegangen. Werde so wie wir, dann kann dir nichts passieren.» Damit teilt er dem Kind seine Sicht von der Welt mit. Daß er das tut, ist sinnvoll, aber wir sind uns mit allen Enkeln dieser Welt einig, daß die Wahrheit des Großvaters nicht die einzige Wahrheit ist. In der Familie gibt es noch weitere Ahnen, Urahnen und selbst entfernte Verwandte, die dem jungen Menschen ähnliche oder ganz andere Glaubenssätze ins Ohr flüstern. Dem Enkel bietet sich nun die Möglichkeit, sich aus dieser «Gemischtwarenhandlung für Lebensgestaltung» geeignet erscheinende Teile von Lebensstrategien zu entleihen und aus ihnen eine neue Strategie zu konstruieren. In der Auseinandersetzung mit der Umwelt wird er seine neue, individuelle Strategie überprüfen. Ist sie brauchbar? Oder muß er sich von seiner Idee verabschieden? Von der Idee, die in seinem Kopf entstanden ist, in ihm als einem geschlossenen System. Wie viele Anregungen er auch immer aufnahm und sich anverwandelte – von außen ist er nicht instruierbar.

Obwohl Großväter diese Erfahrung letztlich mehr oder weniger teilen, unternehmen sie aus der mächtigen Position der Alten heraus den Versuch, ihre Nachkommen zu beeinflussen, zu erziehen. Bei diesem Versuch stellen sie nicht mehr, aber auch nicht weniger als den Kontext für das Handeln der Enkel dar.

Wo der Eindruck entsteht, Erziehung sei wirksam, haben wir es mit dem Fall zu tun, daß ein Kind sich entschied, den Erziehungsbemühungen der Erwachsenen zu folgen. Es beobachtete, verglich, und seine daraus resultierenden Handlungen stimmten mit den Erwartungen der Erwachsenen überein. Ein Glücksfall sozusagen.

Zusammenfassend läßt sich also feststellen: Bei der Beobachtung ihres Kontextes treffen Systeme Unterscheidungen, die ihnen helfen, ihre eigene, individuelle Wirklichkeit zu erzeugen und mit ihrem Kontext zu kommunizieren. In der Auseinandersetzung mit dem Kontext überprüfen diese Systeme, ob und wie die entwickelte oder erfundene Wirklichkeit bei der Bewältigung der jeweiligen Anforderungen hilft, behalten sie bei, passen sie stärker an oder verwerfen sie und bilden eine neue Wirklichkeit.

Der Satz «So sollst du sein» kann also niemanden instruieren, wie er den alten und den jungen Menschen auf dem Titelbild sehen soll. Und er kann weder den alten noch den jungen Menschen festlegen, so zu sein, wie der jeweils andere es gern hätte. Beide Menschen können aus ihrem Kontext heraus jedoch Angebote machen, die für den jeweils anderen neue Möglichkeiten eröffnen. Der ältere Mensch könnte sagen: «Als dein Großvater möchte ich gern so handeln, daß du dich gut entwickeln kannst.» Vielleicht würde das Kind ihm dann mitteilen: «Laß uns das probieren und oft zusammensein, damit wir unsere unterschiedlichen Sichtweisen kennenlernen und merken können, ob die Entscheidung, die wir jetzt getroffen haben, sinnvoll für uns ist.» Natürlich wird kaum jemand solche Worte benutzen, aber ihr Sinn wird mitgeteilt. Oder ein ganz anderer Sinn.

Daß Menschen ihre eigene Welt erschaffen, indem sie über die von ihnen getroffenen Unterscheidungen mit anderen Menschen kommunizieren, macht sie zu sozialen Wesen. Wir gehen davon aus, daß es so viele verschiedene Vorstellungen von der Welt wie Beobachter gibt. Es bleibt uns also nicht erspart, mit dem jeweiligen Gegenüber all das zu verhandeln, was Welt ausmacht, und dabei für unser eigenes Verhalten die volle Verantwortung zu übernehmen. Auch das Gegenüber trägt seinen Teil der Verantwortung und kann sich nur auf sich selbst berufen, nicht auf unsere weisen Worte oder den Bart des Großvaters.

Hilfesuchende Menschen folgen in ihrer Not mitunter Heilsverkündern, die vorgeben, die «Wahrheit» über Familien, ihre Struktur und Dynamik zu wissen. Scheitern Hilfesuchende mit den vorgegebenen Konzepten der Therapeuten, dann meist deshalb, weil diese Konzepte nicht zu ihnen und ihren systemimmanenten Potentialen passen. In einer solchen Situation empfiehlt es sich, den Helfer schnellstens zu wechseln.

Beraterinnen und Therapeuten sind keine Experten im klassischen Sinne, die wissen, wie die Welt sich dreht, und für jedes Problem eine Lösung in der Tasche haben. Experte seiner Weltsicht und Problematik ist der Betroffene selbst. Wir können ihm, bescheiden und respektvoll, lediglich anbieten, mit uns als einem Teil seiner Umwelt über sein Problem zu kommunizieren. Diese Erkenntnis bestimmt im wesentlichen unsere Haltung als Berater oder Therapeuten. Unsere Profession ist es, Kommunikationsprozesse so zu gestalten, daß die Wahrscheinlichkeit einer Problemlösung entsteht. Wir handeln als Kontextbestandteile des jeweiligen Hilfesuchenden und können die sich daraus ergebende Beziehungsstruktur nutzen – eine Erkenntnis, der ein Therapeutendilemma innewohnt. In seinem Buch «Systemische Therapie» hat Kurt Ludewig dieses Dilemma beschrieben. Seine Lösungsidee lautet sinngemäß: Handle wirksam, auch wenn du das Resultat deiner Handlungen nicht voraussagen kannst. Man könnte die Aussage ergänzen: ... und sei nicht überrascht, wenn sich eine andere Lösung ergibt, als du dir vorstellen konntest.

Beobachtet jeder Mensch die Welt auf seine Weise, dann hat er auch eine individuelle Sicht auf seine Familie, die er mit anderen Menschen kommuniziert, um die in ihr enthaltenen Informationen permanent auf ihre Nützlichkeit hin zu überprüfen. Informationen in diesem Sinne sind familiäre Glaubenssätze, Lebens- und Überlebensstrategien, Traditionen oder Rituale, die der sinnvollen Gestaltung des Lebens dienen. In Familien werden sie über Generationen hinweg als Geschichten weitergegeben, die den Zusammenhalt, mitunter auch das Überleben der Familien oder einzelner Mitglieder sichern. Solche Geschichten bestehen nicht aus objektiven Fakten. Sie werden von den zuhörenden Menschen individuell aufgenommen, verändert und so letztlich neu erfunden. Werden sie weitererzählt, sind sie, mit Unterscheidungen versehen, zu individuellen Geschichten geworden und dienen dem erzählenden Menschen dazu, Identität und Persönlichkeit zu entwickeln, die aktuellen Fragen des Lebens zu beantworten. Sie sind zu Überlieferungen geworden.

Wie Überlieferungen sich verändern können, wissen alle, die einmal zwei Urlaubsberichte ein und derselben Person, mit großem zeitlichen Abstand erzählt, vergleichen. Die Geschichte eines unglücklichen Badeunfalls beispielsweise verklärt sich irgendwann zu einem aufregenden Abenteuer. Ein möglicher Nutzen dieser Veränderung liegt auf der Hand: Im Gewand eines Abenteuers läßt sich die Geschichte im Freundeskreis viel unterhaltsamer erzählen, und die in ihr enthaltenen Strategien lassen sich leichter auf aktuelle Urlaubssituationen übertragen.

Überhaupt werden Familiengeschichten, denen traurige oder schreckliche Erlebnisse zugrunde liegen, häufig verändert, um nachfolgende Generationen oder nicht anwesende Familienmitglieder zu schützen. Handlungsstrategien, die entwickelt wurden, um ein Ereignis heil zu überstehen, können so aufrechterhalten und weitergegeben werden. Die geschützten Mitglieder der Familie jedoch beobachten möglicherweise einen Widerspruch zwischen der überlieferten, eventuell verkürzten Geschichte und den in ihr enthaltenen Handlungsstrategien. Verwirrt suchen sie nach Möglichkeiten, diesen Widerspruch zu lösen. Woher sollen sie wissen, daß ein Brudermord zum Jagdunfall wurde, daß das familiäre Vorbild an Ordnungssinn und Gründlichkeit ein Kriegsverbrecher war?

Die Entwicklungsmöglichkeiten und die Flexibilität von Familiensystemen beeindrucken. In einer kurzen Zeit menschlicher Evolution entwickelten sich in unserem Kulturkreis aus Großfamilien Kleinfamilien, die versuchten, dem Mahlwerk des Alltags wie großen gesellschaftlichen Katastrophen zu trotzen und dabei eine Vielfalt schützender Strategien erfanden. Solche Strategien haben einerseits einen hohen, bindenden Wert in Familien, andererseits werden sie im Alltag als störend empfunden. Kennt man den Wert dieser Überlieferungen nicht, sollte man sich mit der Empfehlung, sie zu verändern, zurückhalten. Der Versuch jedoch, ihrer Spur zu folgen, lohnt.

Von diesem Versuch erzählen die Geschichten des Buches. Sie handeln davon, ob und wie man Geheimnisse in der Familie öffnen kann, wie man neue Deutungen für Ereignisse oder Verhaltensweisen erfindet, wie man Konstruktionen entwickelt, mit deren Hilfe man sich das eigene Leben besser erklären und erfolgreicher nach Perspektiven suchen kann. Auch wenn Familiengeschichten nicht mehr vollständig zu rekonstruieren sind, wenn Schatten sie verdunkeln oder sich kaum noch brauchbare Potentiale anzubieten scheinen – es lohnt sich, über Familie nachzudenken und dabei einen eigenen Blickwinkel einzunehmen, der sich von den Sichten anderer Familienmitglieder unterscheidet. Nicht immer ist das ein leichter Gang. Deshalb ein Trost auf den Weg: Es gibt keine absolute Wahrheit. Aber wir können miteinander verhandeln über eine für den Moment gültige Vereinbarung. Immerhin.

Die im Buch versammelten Geschichten stammen aus der therapeutischen Arbeit am Privatinstitut für systemische Beratung in Hamburg. Das Institut wurde 1989 von Rainer Käsgen und Harald Ott-Hackmann gegründet. Seine Mitarbeiterinnen und Mitarbeiter bieten Einzel-, Paar- und Familientherapie sowie Supervisionen und Fortbildungen in Familientherapie und systemischer Beratung. Aus einem der Therapeutenseminare stammt das Gespräch im zweiten Teil des Buches. Wir haben es aufgenommen, denn es bietet die Möglichkeit, systemische Therapie aus dem Blickwinkel von Menschen zu betrachten, die sich mit unseren therapeutischen Angeboten als Lernende und zugleich als Praktizierende auseinandersetzten. Die Methode, die wir in der Beratung nutzen, nennen wir Familienskizze. Sie wird am Ende des Buches erläutert.

Die Geschichten wurden von uns mit neuen Namen versehen und so weit verändert, daß es nicht mehr möglich ist, die betroffenen Personen zu identifizieren. Sollten sich dennoch Ähnlichkeiten mit Familiengeschichten ergeben, so sind sie nicht beabsichtigt. Das Gespräch der Seminarteilnehmerinnen und -teilnehmer ist nicht verfremdet.

Wir danken allen Erzählerinnen und Erzählern sowie den Mitarbeiterinnen und Mitarbeitern des Psychologischen Privatinstituts für systemische Beratung, die die Geschichten mit uns reflektierten.

Erika Berthold, Rainer Käsgen, Harald Ott-Hackmann
März 1999

Elsas Geschichte
ODER
Das verlorene Kind

Zwei Erzieherinnen aus einem Kindertagesheim planten, mit ihrer Gruppe für ein paar Tage in ein Kinderheim aufs Land zu verreisen. Bei der Vorbereitung der Ausfahrt stritten sie sich heftig. Die eine Erzieherin vertrat in dem Disput ein offenes Konzept, wollte wenig festlegen, die Kinder viel ausprobieren lassen und nicht alles kontrollieren. Die andere, Elsa, teilte diese Sicht nicht. Ihr waren konkrete Vorhaben, genaue Planung wichtig, und sie fühlte sich zunehmend unwohl beim Gedanken an die bevorstehende Freizeit. Sie hatte Angst, daß etwas mißlingen könnte. Ähnliche Konflikte der beiden waren keine Seltenheit und belasteten mittlerweile das Team.

Gefragt, was sie denn davon halte, den Kindern Raum und Freiheit zu lassen, sagte Elsa, daß ihr das Angst einflöße. Irgend etwas könnte nicht klappen, könnte ihr entgleiten. «Mich plagt und verfolgt der Gedanke, daß wir uns auf den Heimweg machen und ein Kind weniger mit zurückbringen, als wir mitgenommen haben», sagte Elsa. «Das wäre das Schlimmste, was überhaupt passieren könnte. Daß wir ein Kind verlieren im wahrsten Sinne des Wortes.»

Wir überlegten, woher es kommt, daß sie sich so sehr davor fürchtet, ein Kind zu verlieren. So etwas war im Tagesheim nie passiert, weder ihr noch einer anderen Erzieherin. Es gab keinen Fall, der ihre Angst hätte begründen können.

Elsa meinte, das Gefühl, sie könne jemanden verlieren, begleite sie schon ewig. Sie sei in ihrer Kindheit dazu angehalten worden, klaren Ordnungsprinzipien zu folgen und darauf zu achten, daß alles beieinander bleibe. Ihr Zimmer mußte sie ständig aufräumen, und es gab Riesentheater, wenn sie etwas verbummelte. Außerdem berichtete sie, daß ihre Mutter sie, wenn sie zusammen in die Stadt gingen oder auch nur spazieren, jedesmal fest an der Hand hielt. So fest, daß es Elsa weh tat.

Was bedeuteten Elsas Worte? Zum einen ging es darum, den Kontakt nicht zu verlieren, die Beziehung zu einem anderen Menschen. Und zum anderen war es ihr wichtig, materielle Werte pfleglich zu behandeln.

Etwas verlieren, es womöglich leichtfertig vertun – welche Geschichten erzählte man in Elsas Familie zu diesem Thema? Ging irgendwann einmal etwas Wichtiges verloren? Weil jemand nicht achtgab? Elsa holte weit aus. Sie erzählte, daß ihre Großeltern mütterlicherseits gegen Kriegsende aus Ostpreußen in Richtung Westen zogen. Sie hatten in der Nähe von Danzig auf dem Lande gelebt und einen Gutshof besessen. Den mußten sie von einem Tag auf den anderen verlassen. Mit ein paar Koffern und Rucksäcken reihten sie sich in den Treck der Flüchtenden. Ob unterwegs etwas verlorenging, war nicht überliefert.

Der Großvater sorgte später dafür, daß in der neuen Heimat wieder ein Zuhause entstand. Damit habe man sie aber nicht belastet. Allenfalls ihren älteren Bruder, erinnerte sich Elsa, von dem verlangt wurde, einen guten Beruf zu erlernen, selbständig zu werden und zur Existenz der Familie beizutragen. Sie achte Zeit ihres Lebens lediglich darauf, materiell abgesichert zu sein, alles beieinanderzuhalten, die Wohnung tipptopp und der Garten in Ordnung. Mehr nicht. Ob das etwas mit dem Tagesheim zu tun haben könnte? «Ich halte die Kinder nicht ständig zum Aufräumen an. Ich bin doch nicht bescheuert», schloß sie, ein wenig ärgerlich. Ihre Angst vor Unordnung und Verlust konnte sie sich nicht erklären.

War ihr das nicht möglich, so doch vielleicht einem anderen Familienmitglied. Also bekam Elsa den Auftrag, sich umzuhören, ob es in der Geschichte der Familie irgend etwas gebe, das mit Kontaktabbruch, mit Verlust zu tun habe.

Elsas Kollegin, die ganze Zeit über zum Schweigen verurteilt, war nicht unzufrieden mit dieser Situation. Sie fand es so aufregend wie interessant, Hintergründe aktueller Probleme in Familiengeschichten zu suchen, in Zeiten und bei Personen, weit entfernt vom Alltag im Tagesheim.

Als die beiden Frauen vier Wochen später wieder am Tisch saßen, erzählte Elsa, daß sie im Gespräch mit ihrer Mutter tatsächlich etwas herausgefunden habe. Folgendes war passiert, und zwar in den lange zurückliegenden Tagen, als die Familie den Gutshof bei Danzig verließ: Elsas Großmutter habe sich mit ihren Kindern, also auch mit Elsas Mutter, auf den Weg gemacht. «Ganz allein», berichtete Elsa, «denn der Großvater war noch im Krieg. Auf der Flucht, in einem Treck, verschwand meine Mutter plötzlich. Man hatte sie verloren im Gewirr der Leute, die auf Handwagen und mit klapprigen Rädern ihre Habe beförderten. Sie war damals erst fünf Jahre alt und begriff gar nicht, was vorging. Sicherlich fand sie die sonderbare Reise spannend wie einen tagelangen Jahrmarkt.

Jedenfalls hatte sie unwahrscheinliches Glück. Sie geriet an Leute, die unsere Familie kannten, Leute aus dem Dorf. Die nahmen meine Mutter bis zur nächsten Bahnstation mit, wo der Treck sich sammelte, und hielten dort ein Schild mit ihrem Namen hoch. Das sah meine Großmutter trotz ihrer verheulten Augen, und so ging alles gut aus.»

Dieses Erlebnis prägte die Familie. Die Angst, daß ein Familienmitglied plötzlich verschwinde, ein kleines Kind, das sich selbst nicht helfen kann, grub sich ein. Doch weil es so ein schreckliches Erlebnis war, wurde es nicht erzählt. Sei es, daß man es vergessen wollte, sei es, daß die Großmutter sich schämte, weil sie nicht gut genug aufgepaßt hatte – die Geschichte wurde nicht weitererzählt, obwohl sie noch präsent war. Elsa kannte sie nicht. Aber es bedurfte nur eines geringen Anstoßes, da trat sie wieder zum Vorschein. Diesen Anstoß hatte Elsa nun gegeben, als sie ihre Mutter fragte.

Das Wissen um die Geschichte veränderte Elsas Sicht auf ihre aktuelle Problematik. «Schlaglichtartig begriff ich», sagte sie, «warum es mir so schwerfällt, loszulassen.» Sie hatte eine Lebensstrategie ihrer Mutter übernommen, die ihr Kind, nämlich

Elsa, festhielt, sobald sie zusammen aus der Wohnung traten, die sicheren vier Wände verließen. Das hatte sich Elsa gemerkt. Aber warum die Mutter es tat, wußte sie all die Jahre lang nicht. Dennoch übernahm sie diese Strategie und handelte entsprechend. Bis zu dem Moment, an dem der Konflikt mit ihrer Kollegin sich zuspitzte. Ständig hörte Elsa: «Du kannst die Kinder doch nicht anbinden! Du blockierst sie ja förmlich mit deiner ewigen Klammerei! Was ist denn bloß mit dir los?»

«Jetzt schäme ich mich fast dafür», schaltete sich Elsas Kollegin ein. «Wenn ich das gewußt hätte, was du erzählst! Nun ist mir klar, warum du so an den Kindern klebst, sie nicht aus den Augen verlieren willst. Was haben wir darüber gestritten!»

In diesem Gesprächsmoment ergab sich ein emotionaler Wendepunkt. Die beiden Frauen konnten sich plötzlich verständigen, sich Elsas Verhalten erklären. Beide versicherten sich, daß sie nun in der Lage seien, in künftigen Situationen darüber zu verhandeln, was sinnvoll sei. Und zwar, so meinte Elsas Kollegin, mit Verständnis für die Kompliziertheit der Schritte, die Elsa zu gehen habe, um zu mehr Lockerheit im Umgang mit den Kindern und sicherlich auch zu einem offeneren Konzept zu finden.

Am Ende der Sitzung überlegten wir, ob in Elsas Geschichte, in der Geschichte vom verlorenen Kind, etwas steckt, das es ermöglicht, dem traumatischen Ereignis einen positiven Aspekt abzugewinnen. In jeder Lebenskrise, wie auch immer sie gemeistert wurde, werden Fähigkeiten entwickelt. Welche könnten das in diesem Falle gewesen sein?

Elsa erwog, mit ihrer Mutter darüber zu sprechen. Sie war unsicher, ob die Mutter imstande sei, sich wieder auf ein solches Gespräch einzulassen, mit ihr noch einmal über jene Erlebnisse zu reden, die Ängste oder Schuldgefühle ausgelöst hatten. Auf jeden Fall wollte sie die Sache im Auge behalten und eine günstige Situation abwarten.

Und Elsas Kollegin? Da sie Zeugin unseres Bemühens geworden war, eine Erklärung für Elsas Problem zu finden, konnte sie das Problem anerkennen, ja sogar achten. Sie konnte den Druck verringern, den sie auf Elsa ausübte. Und sie konnte nach Möglichkeiten suchen, Elsa zu helfen.

Elsa würde das spüren und würdigen. Das neue Verhalten ihrer Kollegin würde es ihr erleichtern, lockerer und offener mit den Kindern umzugehen. Man konnte wieder miteinander arbeiten.

Als wir uns vier Wochen später trafen, erzählte Elsa, daß sie mit ihrer Mutter gesprochen habe. Da der Bann nun einmal gebrochen war, fiel es ihr weniger schwer, als sie vermutet hatte. Auch ihre Mutter schien keine Bedenken zu haben.

Wenn Kinder ihre Eltern ernsthaft auffordern oder besser: bitten, geben Eltern ihr Schweigen auf, selbst wenn es sich um dramatische Erlebnisse handelt. Sie spüren genau, daß sie sich nicht mehr so stark schützen müssen, daß sie auf Verständnis und Anteilnahme rechnen können.

Elsa berichtete, es habe sich herausgestellt, daß nicht nur die Familie der Mutter zu Kriegsende flüchten mußte, sondern auch die des Vaters. In beiden Familien waren Strategien entwickelt worden, mit der Situation «Flucht» fertig zu werden, die Angehörigen zusammenzuhalten und zu retten, was zu retten war.

Nun könnte man denken: Sieh mal an, das und das haben die Leute weiland in Ostpreußen erlebt, und jetzt wirkt es auf Elsas Verhalten. Wie eine schicksalhafte Prägung. Man könnte es für blanken Determinismus halten. Was nicht genetisch festgelegt ist, wird durch die Erfahrung der Großeltern vorherbestimmt.

Das ist natürlich Unsinn. Niemand wußte, auf was für eine Geschichte Elsa stieß, und niemand weiß, wie Elsa ihr Leben weiterführen wird. Es ist nicht festgelegt, wie sie sich entwickeln wird. Vielleicht zankt sie sich morgen wieder mit ihrer Kollegin. Vielleicht um die gleichen Probleme, vielleicht um ganz andere.

Jeder Mensch entwickelt sich in seiner aktuellen Situation individuell weiter. Wie er das tut, das ist nicht vorherbestimmbar. Aber es hat in jedem Fall etwas mit seiner Herkunft zu tun, denn die Familie ist ein Kontext, der den Menschen prägt und den er zu seiner Entwicklung nutzen kann.

Elsa kann sich an ihre Großeltern noch erinnern. Sie weiß, wie sie aussahen, wie sie redeten, was sie gern aßen und tranken. Aber als Vertreter verschiedener Lebensstrategien, die bis heute in Elsas Alltag wirken, nahm sie sie nicht wahr. Sie wäre gar nicht auf die Idee gekommen, sich darum zu bemühen.

Will man jedoch Entwicklung in Gang setzen, ist es sinnvoll, Unterschiede herzustellen, um eine neue Wahrnehmung zu ermöglichen. Kann Elsa unterschiedliche Lebensstrategien zu einer Fragestellung erkennen, dann kann sie auch entscheiden: Was paßt zu mir? Was möchte ich tun? Was hilft mir jetzt?

«Stell dir vor», könnte man Elsa empfehlen, «deine Großeltern säßen hier. Alle vier sagen dir nacheinander, wie du dich verhalten sollst. Sollst du weiter darauf achten, daß du nichts verlierst? Oder kannst du ein Risiko eingehen, weil du die Gewißheit hast, daß Verluste ausgeschlossen sind? Gibt es womöglich sogar Verluste, die man hinnehmen muß, weil sie Raum für Neues schaffen? Frage die Großeltern. Sie bieten dir vier Lösungsstrategien, vier Wege, die sich mehr oder weniger voneinander unterscheiden. Aus diesen vier verschiedenen Wegen kannst du vielleicht einen neuen Weg für dich bauen.»

Es wird selten so sein, daß jemand einen Lösungsweg komplett für sich übernimmt. Meist wird eine Mischung, eine Synthese entstehen. Diese Mischung wird den Vorteil haben, etwas ganz Neues zu sein. Und das macht Persönlichkeitsentwicklung aus.

Elsa hatte klar erkannt, daß sie einer Strategie folgte, die aus der mütterlichen Seite stammte: «Nimm die Kinder an die Hand, paß auf sie auf, bewege dich in engen, überschaubaren Räumen.» Diese Strategie übernahm Elsa, sozusagen ungeprüft. Sie hatte keine Ahnung, warum die Mutter ihr das empfahl. Weiß man aber nicht, warum man etwas tut, besteht die Gefahr, daß man etwas Falsches tut.

Nun erkannte Elsa den Ursprung ihrer Handlungsweise in einer Lebensstrategie, die im Krieg entwickelt worden war, also unter Bedingungen, die sich von Elsas Lebenswelt drastisch unterscheiden. Erst als sie das erkannte, konnte sie prüfen: «Ist es heute notwendig für mich, so zu handeln? Oder nicht?»

Elsa muß nicht flüchten, sie muß sich mit ihren Kindern nicht in der Fremde, auf unsicherem, gefährdetem Terrain bewegen. Sie kennt die Verhältnisse um sich herum und kann sie einschätzen. Also kann sie ungefährdet darüber nachdenken, welchen Sinn ein Verhalten heute hat, das in der Generation der Großeltern zur Lebensstrategie erhoben und in der Familie weitergegeben wurde.

Solche Überlegungen, reine Kopfarbeit also, verändern natürlich nicht von heute auf morgen die Gefühlslage eines Menschen, lassen Ängste nicht im Nu verschwinden. Aber zwischen Verstand und Gefühl besteht eine Wechselwirkung. Ändern sich Gedanken, dann werden sich früher oder später auch Gefühle ändern – und umgekehrt. Es muß schon zueinander passen, das menschliche Denken und Fühlen. Und außerdem: Menschen verfügen über ein starkes Selbstheilungspotential. Verändert sich im Umfeld etwas, wird sich das gesamte System, Denken, Fühlen und Handeln, darauf einstellen.

Im Streit mit ihrer Kollegin merkte Elsa: «Ich muß etwas tun. Etwas muß sich verändern.» Daß sie bereit war, sich beraten zu lassen, war Ausdruck dieses Strebens nach Veränderung. Als sie sagen konnte: «Ich habe meine Mutter gefragt, und die hat mir die Geschichte erzählt. Ich erkenne jetzt, welche Bedeutung sie für mich hat» – an dieser Stelle legte sie die Grundlage für einen neuen Schritt, für die Entwicklung einer neuen Handlungsstrategie. Sie öffnete sich und erweiterte ihren Spielraum, indem sie eine Erklärung für ihr Verhalten fand.

Gilt das für Elsa, so gilt es auch für den Berater. Wird man als Berater mit einer Frage, einer Problemstellung konfrontiert, so kann man aus der eigenen Lebensgeschichte heraus, die sich von der Geschichte des Ratsuchenden unterscheidet, eigene und damit für den Ratsuchenden neue Fragen entwickeln. Fragen, auf die der Ratsuchende nicht kommt, weil sie so naheliegend, ungewöhnlich oder sogar absurd sind.

In vielen Familiengeschichten ist Flucht ein Thema. Urgroßeltern und Großeltern waren davon betroffen und bildeten entsprechende Lebensstrategien. Erzählungen berichten davon. Das erleichtert es, Situationen nachzuvollziehen und eigene Fragen zu entwerfen.

Andererseits muß man sich davor hüten, im Sinne einer Intervention zu sagen: «Versuch das mal, das wird dir helfen», weil man plötzlich die eigene Geschichte vor Augen hat. In diese Gefahr kann ein Berater schnell geraten.

Man entgeht ihr, indem man die eigene Sicht lediglich zur Verfügung stellt, sie wie ein Angebot unterbreitet, das nicht angenommen werden muß, aber den Ratsuchenden anregen kann, weiter zu forschen. Er muß prüfen: «Paßt diese Sicht zu mir, paßt sie in meine Geschichte? Probiere ich aus, ob sich dadurch etwas verändert? Oder laß ich es bleiben?»

Das ist ein kreativer Prozeß, der in Elsas Fall nicht nur die unmittelbar Beteiligten, sondern auch die zuhörende Kollegin ergriff. Gespannt folgte sie Elsas Geschichte und verließ nach und nach ihre Kampfposition. Sie erlebte mit, wie der im Streit als Gegner empfundene Mensch mit sich selbst um eine Lösung ringt. Als sie das verstanden hatte, konnte sie Elsa zur Seite stehen.

Darüber hinaus hatte ihre Anteilnahme auch für sie selbst einen positiven Effekt. Die Arbeitssituation im Tagesheim empfand auch Elsas Kollegin als unbefriedigend, die ständigen Scharmützel mit Elsa belasteten sie. Nun versetzte sie die Teilnahme am Gespräch in die Lage, ihren Blick auf Elsa zu verändern. Als sich Elsas Perspektive wandelte, bot das auch ihrer Kollegin neue Handlungsmöglichkeiten.

Anpassungsdruck war der Impuls, der gebraucht wurde, damit Entwicklung stattfand. Der Streit der beiden Erzieherinnen, ein Reflex des Drucks, war nötig, er mußte sogar ein gewisses Maß an Schärfe erreicht haben, bevor die Sache in Bewegung geriet. Man könnte sagen: Der Streit ermöglichte die Suche nach einer Lösungsstrategie überhaupt erst. Und diese Suche vollzog sich in zunehmend entspannter Atmosphäre.

Im Laufe der Gespräche differenzierte Elsa, welche Potentiale ihr die beiden Seiten ihrer Familie zur Verfügung stellten. «Was kommt vom Vater? Und was kommt von der Mutter? Was gibt mir die Großmutter mit, die die Krisensituation bei Kriegsende bewußt erlebt hatte?» Dabei kam heraus, daß der Vater in ihr – es ist ja immer ein innerer Dialog, den die Ratsuchenden führen –, daß der Vater sagte: «Umgib dich auf der Flucht mit Menschen, die dich im Zweifelsfall absichern. Dann kannst du ruhig auch mal vom Wege abgehen, als Kind ein bißchen durch die Gegend stromern. Du wirst Leute finden, die wissen, wohin du gehörst, und dich wieder heimbringen.» Elsas Erkenntnis: Man muß lernen, soziale Systeme für sich zu nutzen. Dann kann man auch mal ein Risiko eingehen. Eine Umdeutung ermöglichte diese Erkenntnis. So ein Menschengewirr, in dem man seine Leute nicht mehr sieht, muß nicht bedrohlich sein, wenn sich in dem Gewirr genügend Bekannte und Besorgte finden. Überträgt man dieses Resultat wiederum auf die aktuelle Streitsituation im Tagesheim, bietet sich folgende Sichtweise an: Veränderung, die Suche nach neuen Wegen, die Lust, etwas auszuprobieren, bringt auch in der Pädagogik Entwicklung. Ein gewisses Risiko ist immer dabei, wenn man Kindern Freiraum zubilligt. Aber dieses Risiko läßt sich minimieren. Zum Beispiel dadurch, daß Elsa das soziale System «Kindertagesheim» nutzt und fragt: «Liebe Kollegin, was sagst du dazu, wenn ich das und das zulasse? Wie kannst du mir dabei helfen?» Bezieht sie andere ein, besonders bei den ersten, unsicheren Schritten auf neuem Terrain, kann Elsa Sicherheit gewinnen und damit wieder die Entspannung, die sie braucht, um tatsächlich zu einer neuen Strategie zu kommen.

Die mütterliche Seite der Geschichte setzte das Thema «Mut» auf die Tagesordnung. Mit Elsas Mutter und deren Geschwistern hatte sich die Großmutter dem Treck angeschlossen, ohne männlichen Schutz. Eine Situation, in der Frau und Kinder gefährdet waren, die Übersicht und Mut verlangte, starkes Verantwortungsbewußtsein und die Fähigkeit zu schnellen Entschlüssen erforderte.

Auch Elsas Mutter, damals noch ein Kind, war ihrerseits ziemlich tapfer, als sie sich von der Familie entfernte. Sie setzte allerhand aufs Spiel, um ihre Neugier zu befriedigen. Und dann der Moment des Schreckens: «O weh, meine Familie ist weg! Jetzt bin ich ganz allein ...» Aber sofort schaltete sie um und signalisierte: «Helft mir! Bringt mich zurück.» Und das gelang auch in all der Wirrnis auf dem Treck, in einer Lage, in der jeder genug mit sich und den Seinen zu tun hatte.

Vielleicht gibt es so etwas wie ein inneres Verlust-Nutzen-Konto. Wenn man gierig auf Neues ist, setzt man einen vorhandenen Bezug aufs Spiel. Womöglich geht er verloren. Aber wenn es so ist, findet man vielleicht einen neuen Weg. Wie auch immer – Elsas Mutter gelangte zum Bahnhof. Zu der Stelle, an der sie die Familie wiederfinden konnte.

Solche Umdeutungen, die Suche nach dem positiven Aspekt innerhalb eines Horror-Szenarios, ermöglichen es, eine neue, aktive Position einzunehmen. Andererseits sind Umdeutungen nichts weiter als Angebote. Der Ratsuchende muß seine eigene Geschichte dazu in Beziehung setzen, prüfen, ob das Angebot ihm nutzt. Vielleicht kann er einen Teil davon gebrauchen, vielleicht setzt er neue, ganz andere Bausteine hinzu, oder er verwirft sie.

In groben Zügen verfährt er dabei folgendermaßen: Als mögliche Variante wendet er das Angebot im Kopfe hin und her. Hält er es für sinnvoll, muß es ausprobiert werden. Zuerst nur gedanklich: Ist es hilfreich, mit dieser Variante heranzugehen an das Problem, an den Konflikt, ans Leben? Oder nicht? Wenn sich zeigt, daß das Angebot hilfreich sein könnte, dann kann es in der Wirklichkeit, in der Praxis ausprobiert werden. Und dort erst beweist sich, ob es etwas taugt.

Sabines Geschichte
ODER
Reden ist Silber
und Schweigen Widerstand

In der Pause einer Fachberatung schilderten zwei Erzieherinnen aus einem Hamburger Kindergarten ihren Kummer mit der fünfjährigen Sabine, die kaum spricht. «An Erwachsene richtet sie das Wort fast nie, und mit den Kindern ihrer Gruppe redet sie auch nur selten», erzählten die Erzieherinnen und befürchteten, daß die Sprachentwicklung des Kindes gestört sei. Sie erwogen, den Eltern vorzuschlagen, das Mädchen in ärztliche Behandlung zu geben.

Der Gedanke, daß es einen Sinn haben könne, wenn ein Kind nicht spricht, daß man sein Schweigen nicht unbedingt als Defekt, als Störung sehen müsse, lag den Frauen zwar eher fern, aber sie ließen sich immerhin darauf ein, darüber nachzudenken. Und siehe, es fiel ihnen etwas aus dem eigenen Erleben dazu ein. «Durch Schweigen kann man sich schützen», meinte die eine. Und die andere wußte: «Manchmal verschafft Schweigen Zeit, die man braucht, um zu sortieren, wen oder was man an sich heranlassen will.»

Die Möglichkeit, ein Verhalten unterschiedlich zu bewerten, jedenfalls nicht gleich negativ, überraschte die Frauen. Trotzdem hegten sie ihre Befürchtungen weiter und baten darum, sie bei einem Gespräch mit Sabines Eltern zu unterstützen.

Sabines Eltern sagten bereitwillig zu, und im Gespräch stellte sich heraus, daß auch die Mutter besorgt über die sprachliche Entwicklung ihrer Tochter war. Sabines Schweigen beunruhigte seit längerem selbst die Verwandtschaft. Bei jeder Gelegenheit fragten Großeltern, Tanten und Onkel: «Redet das Kind jetzt ein bißchen mehr? Nein? Immer noch nicht? Das ist doch nicht normal. Da müßt ihr etwas unternehmen.» Obwohl das die Mutter nervte, wagte sie nicht, sich dagegen zu wehren, sondern ließ abends, wenn alle fort waren, ihren Ärger an Sabine aus und machte ihr Vorwürfe. Sabine schnappte ein und drehte sich weg, die Mutter schimpfte noch lauter, und wenn der Vater Sabines Partei ergriff, kriegte auch er sein Teil ab.

Nach ihrer Familiengeschichte befragt, erzählte Sabines Mutter, daß sie Floristin sei und den Laden ihres Vater übernommen habe. Schon als Kind mußte sie sich den geschäftlichen Interessen des Vaters unterordnen, sich in der Öffentlichkeit gut benehmen, die Kunden freundlich grüßen, ihnen höflich antworten, wenn sie gefragt wurde, das wohlerzogene Mädchen spielen, auch wenn ihr gar nicht danach war. Sie kannte also den Druck, dem Kinder ausgesetzt sind, wenn sie ständig hören: Verhalte dich den Erfordernissen unseres Geschäfts entsprechend. Unter diesem Druck wuchs sie auf, und sie gab ihn ihrer Tochter weiter. Sowohl der eigenen Kundschaft gegenüber – Sabine kam manchmal in den Blumenladen – als auch vor der Verwandtschaft mochte sie nicht zulassen, daß es Probleme gab. Dennoch erinnerte sie sich daran, daß sie als Kind gegen die Forderungen ihres Vaters aufbegehrte, ihnen zu entgehen suchte: «Wenn ich es irgendwie vermeiden konnte, ging ich gar nicht erst in Vaters Laden. Allerdings mußte ich da nach der Schule immer den Wohnungsschlüssel abholen, denn ich sollte ja kein Schlüsselkind sein. Also guckte ich erst, ob Kunden im Laden waren, und wartete auf der anderen Straßenseite, bis sie rauskamen. Ein paarmal gab ich wohl auch schnippische Antworten, wenn mir Leute partout ein Gespräch aufdrängen wollten. Meinem Vater war das peinlich, und abends setzte er mir deswegen zu. Irgendwann bekam ich selbst einen Schlüssel und mußte nicht mehr in den Laden. Da war der Streß vorbei», erinnerte sich Sabines Mutter.

Es lag nahe, sie anzuregen, ihre Erinnerungen mit den Situationen zu vergleichen, die Sabine in der Familie erlebt. Wie Schuppen fiel es ihr von den Augen, und sie konnte plötzlich nachfühlen, daß es ihrer Tochter mißfällt, vor anderen immer perfektes Benehmen zu zeigen, auf jede Frage zu reagieren, und sei sie noch so albern: «Da ist ja unser Sabinchen. Und? Was hast du Neues im Kindergarten gelernt? Sing uns doch mal was vor. Nein, du willst nicht? Das ist aber schade.»

Sozusagen als Hausaufgabe nahm sich Sabines Mutter vor, der Verwandtschaft klarzumachen, daß sie über die Sprachentwicklung ihrer Tochter nicht mehr befragt werden möchte und daß man das Mädchen gefälligst in Ruhe lassen solle. Wer sich daran nicht halte, den werde sie zum nächsten Familientreffen nicht mehr einladen, beschloß sie.

Während des Gesprächs, das mittlerweile schon länger als eine Stunde dauerte, ergriff Sabines Vater nicht das Wort. Erst als er direkt gefragt wurde, sagte er: «Ich war eigentlich genau so, wie Sabine heute ist. Ich habe auch nie gesprochen. Ärger hatte ich deswegen in der Familie nicht. Mein Vater signalisierte mir immer: ‹Macht nichts, Junge, ist halb so schlimm. Wir gehen nachher ein bißchen spazieren, haben Ruhe, können uns besinnen, die Natur genießen und uns freuen, daß wir zusammen sind.›»

Sabines Vater hatte als Kind gelernt, daß es einen Wert hat, still zu sein. Aber als er in die Schule kam, mäkelten die Lehrer an ihm herum. Er begann zu stottern und war eine Zeitlang kein guter Schüler. Später gab sich das. Er ergriff einen handwerklichen Beruf, der keiner intensiven Kommunikation bedarf, und ist mit sich ganz zufrieden.

Aus seinen Lebenserinnerungen heraus konnte er seine Tochter gut verstehen, und es setzte ihn auch nicht unter Druck, daß das Mädchen wenig spricht. Das war eher das Problem seiner Frau, und es war wichtig, daß beide Eltern sich ihre unterschiedliche Betroffenheit bewußt machten.

Die Erzieherinnen saßen dabei und waren verblüfft, denn sie hatten es sich nicht träumen lassen, daß so eine einfache Geschichte hinter Sabines Sprachverweigerung steckt. Es freute und erleichterte sie, daß sie Sabine so lassen konnten, wie sie war. «Meine Güte», sagte die eine zum Schluß lachend, «wir sollten froh sein, mal ein Kind zu haben, das sich nicht ständig wie eine Schwatzdrossel gebärdet ...»

Acht Wochen später erzählten die Frauen, daß Sabine sich verändere: «Sie ist viel lockerer geworden, spricht inzwischen ganz ungescheut mit den Kindern und sogar manchmal mit einer von uns Erwachsenen. Hoffentlich wird sie nicht eines Tages auch noch so eine Quasselstrippe wie die anderen.» Die Erzieherinnen sagten nicht: «Wir haben uns verändert.» Daß dem so war, daß sie Sabine nicht mehr unter Druck setzten, hatten sie gar nicht gemerkt.

Ein halbes Jahr später trafen wir uns mit den Eltern zu einer Nachbesprechung. Sabines Mutter berichtete, daß das Problem sich gelöst habe. Sie habe die Verwandtschaft in ihre Schranken verwiesen und sei nun viel entspannter, was ihr und Sabine guttue. Das Sprachverhalten Sabines sei noch nicht völlig zufriedenstellend, aber auf jeden Fall auf dem Wege der Besserung.

Weil Sabines Einschulung bevorstand, empfahlen wir, sich rechtzeitig mit der Schule in Verbindung zu setzen und zu besprechen, wie Sabine, die manchmal nicht so gerne rede, in die Schullandschaft passe, in der es in stärkerem Maße um Pflichterfüllung und die Anpassung an Forderungen gehe als im Kindergarten.

Sprache ist, entwicklungspsychologisch gesehen, etwas sehr Kompliziertes. Deshalb war die Ausgangsthese im Gespräch mit den Eltern der Gedanke: Vielleicht spricht Sabine, wenn sie Lust dazu hat, wenn sie Kontakt sucht. Den Zeitpunkt muß sie selbst bestimmen dürfen. Druck schadet nur. Erst recht, wenn er sowohl zu Hause als auch im Kindergarten ausgeübt wird, das Mädchen sich also einer Phalanx von Erwachsenen gegenübersieht, deren Erwartungen es erfüllen soll.

Dem wollte Sabine sich nicht beugen, und ihr Schweigen kann man als Widerstand deuten, als Entschlossenheit, sich nicht den Forderungen entsprechend zu verhalten. Sabine machte ohne Worte deutlich: «Ich will mich so verhalten, wie ich das will. Ich laß mich nicht steuern.»

Verweigerung von Entwicklung ist ein Mittel, zu dem viele Kinder greifen, wenn sie den Erwachsenen mitteilen wollen: «Wie geht ihr mit mir um? Warum laßt ihr mir keine Zeit? Warum meßt ihr alles nur an euch?»

Interessant an Sabines Geschiche ist: Gerade durch «Nicht-Entwicklung» entwickelte sie sich und sogar ihr Familiensystem. Ihre Sprachverweigerung kann man durchaus als Stärke interpretieren: Die schweigende Sabine verhielt sich besonders effizient, für sich wie für ihre Umwelt. Allerdings in einer für die Umwelt ungewohnten und deshalb beunruhigenden Weise. Erst die Umbewertung von Sabines Schweigen und die daraus resultierende neue Orientierung der Erwachsenen machten das so recht deutlich.

Niemand sagte den Eltern: «Es ist nicht nötig, mit Sabine zu einer Logopädin zu gehen oder zu Fachärzten.» Was die Familie und auch die Erzieherinnen brauchten, das war erst einmal Entspannung und eine Sicht auf Sabines Schweigen, die es nicht allein negativ bewertete. Wer weiß, ob nicht eine Logopädin auch etwas Positives bewirkt hätte? Um Entwicklung zu ermöglichen, kann es nicht schaden, verschiedene Wege zu beschreiten, unterschiedliche Hilfsangebote wahrzunehmen.

Ein interessanter Nebenaspekt war, daß die Eltern sich durch die Gespräche in ihrer Unterschiedlichkeit wahrnehmen und gegenseitig besser akzeptieren konnten. Das war auch nützlich für Sabine, denn beide Eltern repräsentieren unterschiedliche Strategien, mit Sprache umzugehen, von denen jede ihre Berechtigung, ihren Sinn hat. Wird einem Kind die Muße gelassen, auszuprobieren, was zu ihm paßt, was sich bewährt, dann kann es zwischen beiden Strategien wählen oder einen Mittelweg bilden, eine neue Strategie. Auch über Umwege und an Steinen des Anstoßes vorbei ist das ein interessanter Weg zur Sprache, einer, der Spaß und nicht angst macht. An Sabines Entwicklung kann man das in Ansätzen erkennen. Nach einem halben Jahr sprach das Kind deutlich mehr, obwohl es immer noch vorsichtig und zurückhaltend, also keine Plaudertasche war. Es gab seine abwartende Haltung gegenüber der Umwelt nicht ganz auf, was sehr vernünftig, ja geradezu vorbildlich war.

Juttas Geschichte
ODER
Du paßt auf mich auf
und ich auf dich

«Schon monatelang leidet meine vierzehnjährige Tochter unter Schlafstörungen», klagte Jutta, «die sie mittlerweile auch beim Lernen behindern. Sie kann sich kaum konzentrieren, weder in der Schule noch zu Hause, weil sie immer müde ist. Ihre Lehrerin hat sich schon beschwert. Sogar die Freundschaften bröckeln inzwischen, denn sie bringt die Energie nicht mehr auf, nachmittags noch etwas zu unternehmen.» Landläufige Schlafmittel wie Tees und Baldriantropfen halfen nicht, und andere Medikamente wollte Jutta ihrer Tochter nicht zumuten, bevor sie wußte, weshalb das Mädchen nicht schlafen kann.

Genau das war auch die Ausgangsfrage, zu deren Lösung Juttas Familiengeschichte beitragen sollte. Während Jutta erzählte und die Familienskizze Form annahm, saß das Mädchen still dabei.

Jutta lebte mit dem dritten Partner zusammen; ihre Tochter stammte aus erster Ehe. Bei der Partnerwahl habe sie keine glückliche Hand, berichtete Jutta. Immer wieder treffe sie auf gewalttätige Männer. Ihr gegenwärtiger Freund sei auch so ein aggressiver Typ, und das Verhältnis mit ihm sei eine Katastrophe.

Jutta hatte versucht, das Kind so weit wie möglich aus den Konflikten herauszuhalten. Doch je älter die Tochter wurde, desto weniger gelang ihr das. Das Mädchen erlebte Auseinandersetzungen mit, stellte sich häufig der Mutter zur Seite, zog den Zorn des Mannes auf sich und wurde selbst zum Gegenstand seiner Aggression. Es war auch schlecht möglich, dem Mann aus-

30

zuweichen, denn er wohnte bei Jutta und ihrer Tochter, in einer nicht übermäßig geräumigen Drei-Raum-Wohnung.

Mehrfach hatte Jutta versucht, sich von dem Mann zu lösen, das Verhältnis zu beenden. «Aber ich kann ihn nicht einfach vor die Tür setzen. Wo soll er denn hin? Er sagt zwar, daß er sich um eine Wohnung kümmert, aber er scheint sich nicht sonderlich damit zu beeilen», erzählte Jutta.

Könnte es ein, daß die Tochter der Mutter helfen möchte, ihre Absicht, sich von dem Mann zu trennen, aufrechtzuerhalten? Könnte es sein, das Mädchen befürchtet, es könnte dem Mann gelingen, die Mutter wieder umzustimmen? Dann wäre nämlich verständlich, daß es in der Nacht keine Ruhe findet, weil es sich sorgt: «Wenn ich jetzt einschlafe, habe ich die Sache nicht mehr unter Kontrolle. Dann läßt die Mutter sich mit dem Typ womöglich wieder ein. Und alles geht von vorne los. Drei schöne Tage, dann Zank und Streit, und zum Schluß setzt es Prügel.»

An dieser Stelle brach die Tochter plötzlich ihr Schweigen. «Stimmt», sagte sie, «so ähnlich ist es wirklich. Wenn ich einschlafe, und das ist sowieso immer erst spät, wache ich gleich wieder auf, weil ich schlecht träume. Dann schleiche ich durch den Flur ins Bad und lasse die Tür einen Spaltbreit auf, um herauszufinden, was los ist. Rührt sich nichts, heißt das: Der Typ ist nicht da. In der Kneipe oder bei seinen Kumpels. Dann husche ich in Mutters Zimmer, krieche zu ihr ins Bett und kuschel mich an sie ran. Schlafen kann ich dann gut.»

Jutta bestätigte, daß es auch ihr angenehm sei, die Tochter nachts bei sich zu wissen, und strich dem Mädchen über den Kopf. Beide hatten diese Variante gefunden, sich ihrer Verbundenheit gegen den Mann zu versichern.

Diese Interpretation, die Anerkennung ihres Verhaltens munterte sie auf, und die beiden überlegten, ob es weitere Strategien gebe, die sie stärken. «Wir könnten jeden Morgen beim Frühstück besprechen, was wir vorhaben und wann wir nach Hause kommen», schlug die Tochter vor. «Dann bist du nicht allein mit dem Typen und ich auch nicht. Außerdem müssen wir uns irgendwas ausdenken, um Druck zu machen, daß er wirklich auszieht. Der hat es doch bequem. Der Kühlschrank ist immer voll. Das einzige, worum der sich hier kümmert, das ist sein Bier.»

Nach knapp vier Wochen hatten Jutta und ihre Tochter den nächsten Beratungstermin. Obwohl der Mann noch bei ihnen lebte, wirkten sie gelöster. Im Laufe des Gesprächs war der Tochter jedoch deutlich anzumerken, daß sie etwas mitteilen wollte, es aber noch hinauszögerte. Gefragt, ob sie denn etwas erlebt habe, wovon die Mutter nichts weiß und bisher auch nichts wissen durfte, weil die Sache dadurch schlimmer würde, nickte sie. Ein paar Sekunden lang blickte sie zu Boden, als sammle sie sich, und dann berichtete sie, sehr knapp und mit sachlichen, wohlüberlegten Worten, daß der erste Mann der Mutter, ihr eigener Vater also, sie mißbraucht, sie zu sexuellen Handlungen verleitet habe, als sie fünf oder sechs Jahre alt war. Kurz vor der Scheidung muß das gewesen sein.

Jutta brach in Tränen aus. So etwas hatte sie nicht geahnt, hätte es niemals für möglich gehalten.

Da ihre Tochter diese entsetzliche Mitteilung so sachlich vorgebracht hatte, faßte Jutta sich, die beiden sahen sich an und suchten nach Worten, mit denen sie sich vergewissern konnten, daß sie zueinanderhalten. «Wir leben zusammen, du und ich», versicherten sie sich, «auf uns kommt es an. Wir werden uns jetzt immer alles erzählen. Wir können uns helfen und uns zusammen überlegen, was wir machen wollen und warum. Es darf nicht mehr passieren, daß jemand einer von uns etwas antut. Und es darf schon überhaupt nicht passieren, daß die andere nichts davon erfährt.»

Am Ende des Gesprächs nahmen sie sich vor, darüber nachzudenken, was ihnen half, sich gegen Männer abzugrenzen und Gefahren von sich abzuwenden. Das wollte jede für sich tun, und sie wollten es miteinander tun, einander erzählen, wie sie sich dabei fühlten.

Beim nächsten Treffen beschrieben Jutta und ihre Tochter, wie sie sich jeden Morgen an den Frühstückstisch setzten und darüber sprachen, wie die Nacht verlaufen war, mit Träumen oder ohne, mit Ängsten oder ruhig und entspannt. Danach planen sie den Tag, sprechen ihre Termine ab und können sich aufeinander verlassen. Dieses morgendliche Ritual bestehe seit zwei Wochen und habe ihnen in dieser kurzen Zeit schon geholfen, ihnen ein Gefühl von Sicherheit und Vertrauen gegeben.

Vor dem Mann hatten sie ihre neue Gemeinschaftlichkeit nicht verborgen. Als er sich dieser geballten Ruhe und Stärke gegenübersah, suchte er tatsächlich das Weite. Ein paar Arbeitskollegen holten seine Sachen ab; Jutta und ihre Tochter sahen ihn nicht wieder.

Nun erst fanden beide Frauen den Raum und die Ruhe, die sie brauchten, um sich mit der Vergangenheit beschäftigen zu können. Das Geheimnis war offenbar, und ein Teil seiner Bedrohlichkeit verschwand schon allein dadurch.

Ruft man sich den Beginn der Geschichte in Erinnerung, so wird deutlich, daß sich das tatsächliche Problem durch Umdeutung offenbarte. Juttas Tochter litt nicht unter Schlafstörungen, sie verweigerte den Schlaf bewußt und gezielt, um ihre Mutter und sich selbst zu schützen.

Beide Frauen vermochten es nicht, sich zu sagen, daß sie aufeinander aufpassen. Als das möglich war – und zwar in der Weise, daß nicht etwa die Mutter auf die Tochter achtet, sozusagen der klassische Fall, sondern die Tochter auf die Mutter –, löste sich der Knoten. Die entspannte Situation, in der Mutter und Tochter nun lebten, ermöglichte einen Zuwachs an Kräften. Das war besonders wichtig für das Mädchen. Die Mutter zu schützen, das ist eine Aufgabe, die ein Kind überfordert, noch dazu, wenn es selbst allein war, als es den Schutz der Mutter brauchte.

Juttas Tochter hatte es vermocht, der Mutter beizustehen. Nun war es dringend an der Zeit, daß die Mutter sich ihrer Tochter zuwandte, aufmerksam und respektvoll, wie das Mädchen es verdiente.

Übrigens: Als der Mann fort war, räumten beide die Wohnung um. Ein Zimmer für jede, neue, lindgrüne Vorhänge. Und wenn sie schlafen, lassen sie die Türen offen.

Eltern und Erzieherinnen erleben das oft: Ein Kind schläft nicht. Also hat es Schlafstörungen, und sie beschäftigen sich damit, wie man diese Störungen behebt. Das Bett umstellen, Kräutertee trinken, abends warm baden, nichts Aufregendes im Fernsehen angucken, kein spannendes Buch lesen. Wenn nichts davon hilft, wundern sie sich.

Auf die Idee, zu fragen, was sinnvoll am Nicht-Schlafen sei, kommt niemand. Findet man jedoch heraus, warum es für einen Menschen in einer bestimmten Situation wichtig sein könnte, nicht zu schlafen, ist man dem tatsächlichen Problem auf die Spur gekommen.

Die Frage zu beantworten, was eine Störung für eine Bedeutung haben könnte, das braucht neben Wissen auch Phantasie und die Möglichkeit, eigene Impulse, Assoziationen zuzulassen, ungewöhnliche Wege zu gehen. Wer kommt auf die Idee, daß eine minderjährige Tochter ihre Mutter beschützt? Wer kann sich vorstellen, daß ein Vater sein Kind mißbraucht? Niemand, bei Lichte besehen.

Man muß also nach Ansatzpunkten suchen, die es gestatten, eine Verweigerung, eine «Störung» als Wert zu betrachten: Nur durch diese «Störung» kann das Kind ein Problem lösen, eine Bedrohung abwenden – was auch immer. Nur dadurch kann es sich helfen, auf sich aufmerksam machen. Findet man einen solchen Wert, entsteht plötzlich eine ganz andere Perspektive.

Juttas Tochter konnte sich daran erinnern, daß sie als kleines Mädchen vom Vater mißbraucht wurde. Dieses Erlebnis war unter einer relativ dünnen Decke verborgen. Sicherlich hatten die Aggressionen der nachfolgenden Männer verhindert, daß Juttas Tochter das Erlebnis verdrängte. Ihr Wunsch, die Mutter möge auch den gegenwärtigen Partner von sich weisen, tat ein übriges.

Dennoch brauchte das Mädchen noch einen Anstoß, um sein Geheimnis zu enthüllen. Von allein hätte es mit der Mutter wahrscheinlich nicht darüber gesprochen. Warum?

Das Mädchen brauchte die Sicherheit, angehört und ernstgenommen zu werden. Es brauchte Begleitung, einen Beistand, um der Mutter mitzuteilen, was passiert war. Es brauchte jemanden, der ihm hilft, die erste Hürde zu überspringen, der sagt: «Es kann sein, daß etwas Schlimmes passiert ist, etwas, was sich nur sehr schwer aussprechen läßt.»

Daß sexuelle Übergriffe auf Kinder in Familien keine Seltenheit sind, wissen Erzieherinnen und Sozialarbeiter. Eltern scheuen vor diesem Wissen zurück, denn über so schlimme Tatsachen wird nicht offen kommuniziert. Die Leute sagen ihren Nachbarn nicht: «Bei uns ist Schreckliches geschehen. Habt ihr so etwas auch erlebt? Wie seid ihr damit fertig geworden?» Selbst im vertrautesten, kleinen Kreis bewahrt man Stillschweigen und lebt in dem Gefühl, mit seinem Unheil allein auf der Welt zu sein. Was man im Radio hört, im Fernsehen sieht, in der Zeitung liest, betrifft die anderen, ferne Menschen, mit denen man nichts gemein hat.

Hinzu kommt die Scham. «Wie konnte das passieren? In unserer Familie!» Und die Schuld. «Ich hätte es verhindern müssen. Ich bin es, die sich falsch verhalten hat.» Ein Knäuel widerstreitender, starker Gefühle, das sich erst löst, wenn der Druck so heftig wird, daß ein Mensch ihn nicht mehr erträgt und Hilfe suchen muß, wenn er weiterleben will.

Nun haben gewiß nicht alle «Störungen» oder Auffälligkeiten ihre Wurzel in schrecklichen Geheimnissen. Dennoch ist es ein schwieriges Unterfangen, sie zu thematisieren. Erzieherinnen können ein Lied davon singen. Wie oft ergeben sich Kommunikationsprobleme mit Eltern, die, hingewiesen auf bestimmte Auffälligkeiten ihrer Kinder, nichts davon wahrhaben wollen. «Was?» heißt es dann. «Das macht unsere Tochter zu Hause nicht.» Oder der umgekehrte Fall: Eltern weisen Erzieherinnen auf etwas hin. Und ein ähnliches Gerangel um die «Wahrheit» schließt sich an.

Wenn es jedoch gelingt, auf den «Wahrheits»-Anspruch zu verzichten, wenn jeder jedem erlaubt, das zu sehen, was er sicht, und darüber zu sprechen, kann Entwicklung in Gang gesetzt werden, hört Stagnation auf.

Noch ein weiteres Problem erschwert die Kommunikation: Hinweise auf Verhaltensauffälligkeiten ihrer Kinder erleben Eltern häufig als Fingerzeig auf einen Makel und meinen, sich verteidigen zu müssen. Erzieherinnen sollten es da eigentlich etwas leichter haben. Wer wollte ihnen ankreiden, bei einem von 15 Kindern etwas nicht erkannt zu haben? Ganz davon abgesehen, daß sie nicht persönlich betroffen sind. Es handelt sich nicht um ihre eigenen Kinder.

Nicht nur im Grad der Betroffenheit unterscheiden sich die Blickwinkel auf ein Kind. Überhaupt nehmen Eltern anders und anderes wahr als Erzieherinnen. In Juttas Fall war es die Lehrerin, die den Zeigefinger hob: «Die Leistungen Ihrer Tochter sakken ab. Das Mädchen kann sich nicht konzentrieren, schläft fast ein im Unterricht.» Jutta nahm den Hinweis ernst, sie machte sich ebenfalls Sorgen um ihre Tochter. Denkbar aber, daß jemand anders folgendermaßen reagiert: «Was habe ich damit zu tun? Das muß am Lehrer liegen. Wahrscheinlich kann er sich nicht durchsetzen. Vielleicht macht er auch einfach langweiligen Unterricht.» Auf diese Weise wird der Schwarze Peter hin und her geschoben. Und das Kind bleibt auf der Strecke.

Im Grunde genommen bringt es nur voran, zu sagen: «Das ist die Erscheinungsform, – bei Juttas Tochter war es die Schlafstörung. Jetzt wollen wir mal herausfinden, worauf sich diese Erscheinungsform zurückführen läßt. Was wäre möglich?» Sind beide Seiten bereit, dem nachzugehen, dann findet sich über kurz oder lang meist eine Lösung.

Hin und wieder stellen Eltern fest: «Der Kindergarten, die Schule oder die Wohngruppe ist kein passendes Umfeld, um das Problem zu bearbeiten. Wir brauchen einen Therapeuten, der nicht darüber entscheiden muß, ob unser Kind eine bestimmte Leistung bringt, sondern der sich unserem Problem in aller Ruhe widmet und nicht unter Druck steht, es möglichst schnell zu lösen, damit der Laden wieder läuft.» Dem sollten Erzieherinnen zustimmen. Der Vorschlag, sich an dem einen oder anderen Gespräch zu beteiligen, um die Sicht der mit dem Kind beschäftigten Mitarbeiterinnen einzubringen, stößt sicherlich selten auf taube Ohren.

Manchmal allerdings wird ein Kind so unterschiedlich wahrgenommen, daß sich keine gemeinsame Sicht finden läßt. In solchen Fällen kann man nicht helfen. Leider. Das ist ein Problem für Fachleute, die ihren Auftrag haben, ihn aber nicht erfüllen können, weil der Raum, den sie dazu brauchen, verschlossen bleibt: Keine Kooperation möglich. Da bleibt nichts anderes übrig, als sich das einzugestehen und die Ratsuchenden zu ermuntern, in einem anderen Kontext einen neuen Versuch zu wagen.

Annes Geschichte
ODER
Ein Schutzschild wird zur Last

In einem Fortbildungsseminar zum Thema Familienge-schichte meldete sich die Krankengymnastin Anne zu Wort und erzählte folgende Geschichte:

«Meine Kindheit und Jugend verbrachte ich in einem bayri-schen Dorf, im Schoße einer weitverzweigten Familie. Als ich achtzehn Jahre alt war, verliebte ich mich in einen Cousin und wurde schwanger von ihm. Meine Eltern waren entsetzt und ver-langten, daß ich mich sofort von dem Mann trenne. Aus Loyali-tät der Familie gegenüber tat ich das, obwohl ich den Cousin liebte. Der war darüber so entsetzt und gekränkt, daß er weg-ging. Er zog in eine andere Gegend, und ich sah ihn nie wieder.»

Anne brachte ihr Baby zur Welt, eine Tochter. Nach zwei, drei Jahren hatte sie sich von ihrem Kummer erholt, lernte einen neuen Mann kennen, heiratete ziemlich schnell und ging einige Zeit später mit ihm nach Norddeutschland. Hier wurde Sven ge-boren, der inzwischen sechs Jahre alt ist. Die Tochter, Franziska, steht kurz vor dem Abitur.

«Franziska weiß nicht», erzählte Anne, «daß mein Mann nicht ihr leiblicher Vater ist.» Diese Tatsache, die jahrelang über-haupt keine Rolle spielte, bereitete Anne in der letzten Zeit zu-nehmend Probleme. Zum einen litt sie darunter, daß ihr Mann den Sohn, sein leibliches Kind, mehr liebt als die Tochter. «Nicht, daß er Franziska vernachlässigt», erklärte sie, «aber er wendet sich Sven viel intensiver zu als dem Mädchen. Oft strei-ten wir uns darüber, und ich verlange von ihm, Franziska mehr zu beachten, ihr die gleiche Aufmerksamkeit zuzuwenden wie Sven. Ich habe nun mal einen ausgeprägten Gerechtigkeitssinn.

Es bringt mich einfach auf die Palme, daß sich mein Mann hauptsächlich mit dem Jungen abgibt. Ich habe mich sogar schon dabei ertappt, Sven zurückzustellen, um auszugleichen, was mein Mann nicht leistet. Als ich das merkte, war ich erst recht unglücklich. Was kann der Junge denn dafür?»

Zum anderen machte es Anne regelrecht angst, daß Franziska immer häufiger fragte: «Wem sehe ich eigentlich ähnlich? Dir nicht und Papa auch nicht. Was habe ich überhaupt von euch?» Anne wich diesen Fragen aus, wo sie konnte, oder sie flüchtete sich in ironische Bemerkungen. Sie spürte aber, daß der Druck zunahm, daß es ihr immer schwerer fiel, das Geheimnis um Franziskas Herkunft zu bewahren.

Annes Mann schien damit keine Probleme zu haben. Er akzeptierte die Regel, die seine Frau aufgestellt hatte, und verhielt sich loyal zu ihr, was ihm sicherlich nicht immer leicht fiel, denn es gab ja oft Streit um Franziska.

All das erzählte Anne in einem Seminar, das sich zusehends in ein Beratungsgespräch verwandelte. Sie hörte sich die Kommentare und Empfehlungen der anderen Teilnehmerinnen und Teilnehmer an und fühlte sich am Ende ermutigt, ihre Tochter so bald wie möglich in die wahren Verhältnisse einzuweihen.

Während des Gesprächs machte sie jedoch keinen Hehl daraus, wie sehr sie sich davor fürchtete. Am meisten Kopfzerbrechen bereitete ihr der Gedanke an Franziskas mögliche Reaktion. Andererseits hatte sie deutlich erkannt, daß die ganze Familie unter der sich zuspitzenden Situation litt und Entlastung brauchte.

Zweifellos hatte das Thema des Seminars, die Auseinandersetzung mit Familiengeschichte, Anne motiviert, ihr persönliches Problem offenzulegen. Sie brauchte Ermutigung, und sie rechnete damit, unterstützt zu werden.

Es stellte sich heraus, daß unter den Anwesenden mehrere Frauen waren, die die Situation in Annes Familie aus eigener oder vermittelter Erfahrung kannten und etwas zum Thema beisteuern konnten. Eine Sozialarbeiterin erinnerte sich daran, daß sie als Kind eine Zeitlang immer wieder in den Spiegel guckte und meinte, sie sehe völlig anders aus als ihre Eltern. Womöglich habe man sie nach der Geburt vertauscht, dachte sie sich aus, vielleicht habe sie in Wirklichkeit ganz andere Eltern. Eine Weile schleppte sie diese Befürchtungen mit sich herum und träumte nachts schlecht. Irgendwann faßte sie sich ein Herz und vertraute sich den Eltern an. Die nahmen ihre Sorgen ernst, sprachen mit ihr darüber, kramten Fotos aus den Alben, stellten allerlei Vergleiche an, und sie beruhigte sich.

Während sie diese Geschichte erzählte, fielen der Frau immer wieder Details ein. Sie konnte sich gut daran erinnern, wie beängstigend es für sie als Kind war, sich ihrer Herkunft unsicher zu sein.

Eine andere Teilnehmerin steuerte ein Beispiel aus ihrem Bekanntenkreis bei. Einer Freundin, schon in der Mitte der Jahre, war so plötzlich wie unvermutet eröffnet worden, daß sie in Wahrheit einen anderen Vater habe als den, den sie bislang dafür hielt. Die Frau verkraftete diese Information gut. Sie war eher erleichtert darüber, nun endlich Bescheid zu wissen.

In der Runde saß auch eine junge Frau, die ältere Schwester einer Schulkameradin von Franziska. Franziskas Mutter wußte das, aber es hielt sie nicht davon ab, über ihr Problem zu sprechen. Die junge Frau war fasziniert von der Geschichte, jedoch nicht sonderlich überrascht. Sie erzählte, daß sie während der gemeinsam verbrachten Zeit in der Theatergruppe der Schule oft den Eindruck hatte, mit Franziska stimme etwas nicht. Geradezu verbissen habe Franziska, eine der jüngsten in der Theatergruppe, versucht, Anschluß an eine Schul-Clique zu finden, was ihr mißlang, gerade weil sie sich so sehr darum bemühte.

«Andere hätten längst beleidigt aufgegeben, aber Franziska mobilisierte immer neue Energien. Hätte ich damals gewußt, was mit Franziska los ist, vielleicht hätte ich ihr helfen können», sagte die junge Frau. «Dieses starke Bedürfnis, dazuzugehören, hatte sicherlich damit zu tun, daß Franziska innerlich an ihrer Herkunft zweifelte.»

Das zu hören, war für Anne ein weiteres Motiv, der Tochter endlich reinen Wein einzuschenken. Dennoch meinte sie: «Sicherlich ist es erleichternd, wenn man so einen Knoten löst. Aber es hat auch etwas Brachiales. Ein paar Worte – und plötzlich entsteht eine andere Wirklichkeit.»

Wahrscheinlich wurde ihr in diesem Moment schlagartig bewußt, daß sie etwas «falsch» gemacht hatte, lange schon. Daß sie nicht den Mut aufgebracht hatte, mit ihrer Tochter zu reden. Weshalb?

Sie hatte versucht, für Franziska eine «heile Welt» zu erhalten. Eine Welt ohne Zweifel. Das war ihr mißlungen. Sie hatte den Zweifel geradezu gesät.

Um sie mit dieser Erkenntnis nicht allein zu lassen, legten wir ihr nahe, ihr Schweigen nicht nur negativ zu bewerten. Es mußte Gründe gegeben haben, Franziska über ihren wirklichen Vater ins Ungewisse zu setzen und sie darin zu belassen. Vielleicht wollte Anne sich nicht wieder mit der komplizierten Situation konfrontieren, in die ihre Eltern sie gebracht hatten, als sie so autoritär wie herzlos von ihr verlangten, sich von Franziskas leiblichem Vater zu trennen. Anne gehorchte und stellte sich gegen ihre Liebe. Der Familienfrieden blieb gewahrt, aber Anne war verletzt. Eine Wunde, die man nicht sah und die mit der Zeit vernarbte hinter dem Schutzschild «Rühr nicht dran». Diesen Schutzschild legte sie nicht ab. Sie vergaß ihn, bis er, zu einer Last geworden, sich meldete, drückte und nicht nur sie, sondern die ganze Familie quälte.

Obwohl auch Familientraditionen sich wandeln, strenge Regeln und Rituale ihre bindende Kraft einbüßen, ist es nach wie vor kompliziert, sich souverän zu den Verhältnissen zu stellen, die man gelebt hat. Kinder aus vergangenen Verbindungen erzeugen Erklärungsbedarf. Die Frage ist, ob und wie man ihm gerecht wird.

Als Anne im Seminar über ihre Sorgen sprach und sich ruhig anhörte, was die anderen ihr sagten, ihre Einwände vorbrachte und abwog, vermittelte sie den Eindruck, als stellte sie sich nicht erst in diesem Moment selbst die Frage: «Ist es nicht besser, wenn ich Franziska endlich die Wahrheit sage? Ist es nicht besser für alle, für die ganze Familie? Kann es nicht sein, daß der Druck verschwindet, den ich verspüre, den ich gegen meinen Mann wende und selbst gegen den Sohn?» Was ihr fehlte, war der Austausch. Und was sie suchte, war die Gewißheit: «Ja, öffne das Geheimnis. Die positiven Aspekte überwiegen, wenn du es lüftest. Auf längere Sicht wird das Leben für alle Beteiligten leichter.»

Obwohl sie ermutigt wurde, erhielt Anne diese Gewißheit nicht. Die konnte ihr niemand verschaffen.

Denkbar wäre auch, erwog eine Seminarteilnehmerin, daß die Tochter aufschreit: «Ihr habt mir die ganze Zeit eine Geschichte vorgespielt, die nicht stimmt. Ihr habt mich belogen. Darüber bin ich sauer und bitter von euch enttäuscht.» Anne mußte damit rechnen, daß so etwas auf sie zukommen kann. Aber sie blieb dabei: «Ich schweige nicht länger.»

Wir empfahlen ihr, den Zeitpunkt der Eröffnung aus dem Gefühl heraus zu bestimmen, eine günstige Situation abzuwarten. Niemand verdonnerte sie, gleich am nächsten Tag loszulegen. Im Gegenteil. «Nun hast du so lange gewartet, da kommt es auf ein paar Tage oder Wochen auch nicht mehr an», fand ein Seminarteilnehmer. «Laß dir Zeit. Überschlaf alles noch mal.»

Entscheidend für Anne war, daß sie begriff, wie verstrickt die ganze Familie in das Problem war. Wie Aggressionen aufbrachen, wie ihr eigenes Gefühlsleben in Unordnung geriet, weil ihr inneres Gleichgewicht auf einer Geschichte ruhte, die vielleicht einmal hilfreich, aber längst hinderlich geworden war. Je klarer ihr das wurde, desto mehr wuchs Annes Entschlossenheit, umzusetzen, was sie begriffen hatte.

Benjamins Geschichte
ODER
Ein frühes Drama als später Film

Seit mehreren Monaten lebt Benjamin mit anderen Kindern und Jugendlichen in einer Hamburger Wohngruppe. Die Erzieherinnen und Erzieher, aber auch seine Mitbewohner hält der Dreizehnjährige mit immer neuen Horrorgeschichten und Schockaktionen in Atem. Erst hörte man ihm gespannt zu, aber es dauerte nicht lange, da fragten die Erwachsenen sich: «Sind das Geschichten, die das Kind sich ausdenkt? Sogenannte Lügengeschichten? Oder sind sie tatsächlich passiert? Was ist Phantasie und was womöglich Wirklichkeit?»

Benjamin erzählte, er wäre sexuell mißbraucht worden, sei drogensüchtig und oft heimlich auf dem Kiez unterwegs. Mitunter sprach er davon, daß ihn der Gedanke fasziniere, sich umzubringen. Eines Tages kam eine Erzieherin dazu, als er mit einer Rasierklinge an sich herumschnibbelte. Gefahr war im Verzug und höchste Zeit, professionelle Hilfe zu suchen, denn mittlerweile fühlten sich alle von Benjamin und seinen Problemen überfordert. Das Team erwog, ihn in die Kinderpsychiatrie zu geben, und suchte Beratung.

Zu Beginn des Gesprächs ging es um die Frage, was Benjamins Erzieherinnen und Erzieher tatsächlich von dem Jungen wissen. Einander ins Wort fallend, berichteten sie: «Benjamin wurde in eine Familie hineingeboren, die aus der Mutter, zwei älteren Schwestern, drei und fünf Jahre, und dem Freund der Mutter bestand. Alle zusammen wohnten in einem Haus. Der Vater der Kinder lebte seit vielen Jahren getrennt von der Familie und fuhr zur See. Man sah und hörte nichts von ihm.

Eines Nachts brach in Benjamins Haus ein Feuer aus, und das

Gebäude brannte ab. Benjamins Mutter und seine Geschwister kamen in den Flammen um. Der Freund der Mutter, der versucht hatte, dem Feuer durch einen Sprung aus dem Fenster in der dritten Etage zu entgehen, verletzte sich dabei so schwer, daß er wenige Tage nach dem Unglück im Krankenhaus starb. Nur Benjamin, damals noch ein Baby, überlebte wie durch ein Wunder.

An dem Wochenende, an dem das Haus abbrannte und vier Menschen umkamen, hatte der Vater der Kinder, der Seemann, Landurlaub.»

Benjamin wurde bei einer Tante untergebracht, bei der er bis zu seiner Einweisung in die Wohngruppe lebte. Mehr als zehn Jahre lang sei seine Entwicklung ohne Probleme verlaufen. Die Tante sei mit ihm so umgegangen, als wäre er ihr eigenes Kind.

Urplötzlich und ohne ersichtliche Anlässe habe Benjamin begonnen, ihr seine «Lügengeschichten» aufzutischen. Genau wie die Erzieherinnen und Erzieher sei sie zuerst erstaunt und fasziniert gewesen. Doch nach und nach wuchsen ihr die Geschichten über den Kopf. Sie wußte nicht mehr, was sie ihm glauben sollte, was nicht. Hinzu kam: Er stahl Geld. Dabei ertappt, erklärte er, er müsse unbedingt nach Dänemark fahren, wo ein befreundetes Kind lebe, dem er helfen wolle.

Die Tante war dem Jungen nicht mehr gewachsen und suchte in ihrer Not Hilfe beim Jugendamt. Das Jugendamt schlug eine Unterbringung vor, und Benjamin kam in die Wohngruppe. Dort versuchte man alles mögliche. Man hörte ihm zu, hinterfragte die Geschichten, man arbeitete mit Sanktionen, aber nichts half. Benjamin versetzte mit seinen Horrorstories und dem Versuch, Hand an sich zu legen, alle in Angst und Schrekken.

Als der Junge zu ihnen kam, erzählten die Erzieherinnen und Erzieher, hätten sie noch Distanz aufbringen können. Aber mittlerweile sei es so, daß sie nicht mehr wüßten, ob es Realität sei, was das Kind erzähle, oder nicht. Sie hätten das Gefühl, Benjamin sei präpsychotisch. Wenn es so weitergehe, dann baue das Kind sich seine eigene Welt, die überhaupt nicht mehr zur Realität passe. Man müsse prüfen, ob Benjamin nicht in der Kinder-psychiatrie besser aufgehoben sei. Wohl fühlte sich das Team bei der Erwägung eines solch folgenreichen Schrittes jedoch nicht.

Der Vorschlag, darüber nachzudenken, welche Fähigkeiten ein Kind braucht, um spannende Geschichten – seien sie nun wahr oder nicht, verrückt oder nicht – zu erzählen, entspannte die Gesprächssituation und führte erst einmal vom Gedanken an eventuelle Konsequenzen aus Benjamins Verhalten fort.

Nach und nach differenzierten sich die Aussagen der Erzieherinnen und Erzieher. Einer meinte, er habe beobachtet, daß Benjamin ein guter Organisator sei. Wenn der Junge merke, daß er einem anderen Kind helfen könne, dann plane er das bis ins letzte Detail, völlig realistisch, praktisch und gut durchdacht. Organisieren sei eine Fähigkeit von Benjamin.

«Eine zweite Fähigkeit ist Phantasie», ergänzte eine Erzieherin. «Nicht nur seine schrecklichen Geschichten sind oft so abenteuerlich und spannend, daß wir ihm gebannt lauschen. Nein, auch wenn es darum geht, Freizeiten zu planen, sprüht Benjamin vor Ideen und entwirft ganze Welten. Könnt ihr euch noch erinnern, wie sehr er uns manchmal verblüfft hat?»

Der Gedanke, daß Benjamin nicht in erster Linie gestört, sondern vielleicht besonders begabt sei, abenteuerliche Geschichten zu erfinden wie ein Schriftsteller, wie jemand, der eine Idee ausschmückt, bis sie ein dickes Buch füllt, schien den Erzieherinnen und Erziehern nicht abwegig. Könnten sie sich das bei Benjamin vorstellen?

«Ja», sagte ein Erzieher, «wenn der Junge bei der Zeitung arbeiten würde, wäre er ein Spitzen-Redakteur für Sensationsberichte, die den Lesern das Blut in den Adern gefrieren lassen. Ein Buch zu schreiben, das bringt Benjamin sicherlich nicht fertig. Aber Stories für die Zeitung – wunderbar. Schade eigentlich, daß wir nie daran gedacht haben, seine Geschichten mit einem Kassettenrecorder aufzunehmen.»

Als die Erzieherinnen und Erzieher begannen, Benjamin nicht allein als gestörtes Kind zu betrachten, sondern als eins, das besondere Fähigkeiten hat, ergab sich die Möglichkeit für ein Gedankenspiel: Wäre Benjamin ein Schriftsteller, was würde sich ändern? Für das Kind und auch für die Erwachsenen?

Ein Erzieher meinte: «Benjamin könnte sein Talent viel besser nutzen. Er könnte seine Geschichten unsanktioniert erzählen. Und wir Erwachsenen könnten eine neue Rolle übernehmen, eine Rolle, die es ermöglicht, das Kind zu unterstützen beim Geschichtenerzählen, beim Verfassen von Sensationsberichten beispielsweise.»

Eine neue Rolle für die Erwachsenen. Welche könnte das sein? Was würden Leute, die etwas von Persönlichkeitsentwicklung verstehen, die um die Bedeutung von Familiengeschichten wissen, tun, wenn sie mit einem Schriftsteller arbeiten?

«Sicherlich wäre es möglich, eine Art Ideen-Beratung zu veranstalten», fand eine Erzieherin. «Wir könnten uns als Supervisoren von Benjamin verstehen, der sich mit einer Geschichte beschäftigt, deren Zusammenhänge er zum Teil erfindet, zum Teil aus seiner Vergangenheit rekonstruiert. Dabei könnten wir gemeinsam versuchen, herauszufinden, welche Teile der Geschichte mit Benjamins Leben wirklich zu tun haben.»

Diesen Gedanken bauten wir aus: Die Erzieherinnen und Erzieher könnten Benjamin helfen, seine Geschichte zu recherchieren. Der Junge müßte sich nicht mehr allein auf seine Phantasie verlassen, er könnte beginnen, in der Wirklichkeit nachzuforschen: Was ist abgelaufen? Welche Rollen brauche ich, welche Darsteller, um die Geschichten zu erzählen, die ich im Kopf habe. Wie verändern sich die Rollen, wenn ich neue Informationen einbauen kann?

Die Begriffe «Rolle» und «Darsteller» tauchten immer häufiger im Gespräch auf, und das Gedankenspiel nahm konkretere Formen an. Plötzlich ging es nicht mehr um den präpsychotischen Benjamin, der allen Angst und Schrecken einjagte, sondern um einen Geschichtenerzähler, einen Ideenlieferanten, dessen Stoff einen spannenden und dramatischen Film füllen könnte, einen Film über Benjamins Herkunft und Vergangenheit.

«Einen Film drehen, ein Drehbuch schreiben. Das könnte es sein», fanden die Erzieherinnen und Erzieher. «Welche Rollen müßte man besetzen? Welche Personen aus der Familie könnte man bewegen, darüber mit Benjamin zu sprechen? Womöglich wäre die Tante bereit, dabei mitzuhelfen? Vielleicht gibt es weitere Personen, die als Stofflieferanten in Frage kommen?»

Im Verlaufe des Gesprächs wurde aus dem Erzieher-Team ein Film-Team. Und aus Benjamin wurde der Autor eines Drehbuches, der seine Personage festlegt: Es gibt das Kind, es gibt die Tante, es gibt den Vater, der Seemann ist und von dem keiner weiß, wo er steckt.

Eine Erzieherin schlug vor: «Benjamin könnte verfahren wie Hitchcock, der kurz auftritt, um zu signalisieren, daß es sein Film ist, seine Geschichte. Dann verschwindet er wieder, taucht nicht mehr auf und treibt seine Geschichte als Regisseur weiter.»

Die Filmidee hatte das Team ergriffen, und man einigte sich darauf: «Wir versuchen es. Das Kind erfindet die Geschichte, wir koppeln uns an und beraten Benjamin, wie er den Flug seiner Phantasie in die Nähe der Realität steuern kann. Dabei könnte er herausfinden, was wirklich abgelaufen ist. Er könnte vielleicht sogar zu der Stelle fahren, an der das Haus abbrannte. Möglicherweise könnte er Kontakt aufnehmen zu dem Darsteller, der auf den Weltmeeren zu Hause ist. Es gibt Phantasie, aber es gibt auch Realität, der wir mit Benjamin ein Stück näher kommen können.»

«Womöglich weiß der Vater gar nicht, daß eins seiner Kinder noch lebt», überlegte eine Erzieherin. «Vielleicht entsteht eine ganz neue Geschichte.»

Das Gespräch und sein Resultat, die Filmidee, erleichterten das Team sehr. Die Erzieherinnen und Erzieher sahen sich in einer anderen Rolle, nämlich als Begleiter des Kindes bei der Verwirklichung eines Plans, einer Idee. Sie konnten dem Kind Vorschläge machen und sich mit ihm auf eine Handlungsebene begeben. Für Benjamin entstand damit die Möglichkeit, sich seiner Geschichte nicht mehr als einem schrecklichen Geheimnis zu nähern, sondern den Versuch zu unternehmen, offen und offensiv mit ihr umzugehen.

«Wenn wir so etwas wie ein Drehbuch mit Benjamin schreiben, dann könnte man sogar verschiedene Sichten darin aufnehmen. Beispielsweise das Tagebuch der Tante», fiel einer Erzieherin ein. So kam heraus, daß Benjamin erst auffällig wurde, nachdem er das Tagebuch seiner Tante entdeckt und gelesen hatte. Sie hatte alles aufgeschrieben, auch, daß der Vater das Haus während seines Landurlaubs angesteckt habe. Und zwar aus Eifersucht. Das war zwar nie bewiesen worden, aber die Tante hatte es vermerkt, als habe sie keinen Zweifel daran.

«Die Geschichte, die Benjamin erzählt oder erfindet für seinen Film, könnte mehrere Teile haben oder mehrere Varianten», schlug ein Erzieher vor. «Überlegt mal: Benjamin hielt die Tante für seine Mutter, bis er das Tagebuch fand. An dieser Stelle müßte man die Rollen neu besetzen. Die Tante ist nicht mehr die Mutter. Plötzlich gibt es eine Mutter und zugleich auch wieder nicht, denn sie ist tot, also nicht mehr da. Oder die Rolle des Brandstifters: War es der Vater? War er es nicht? Wer war es dann?» Alle sahen sich an.

«Man kann Ortstermine machen und Nachbarn fragen», ein Erzieher notierte mittlerweile die Vorschläge. «Vielleicht gibt es Fachleute, Anwälte oder sogar die Polizei, die bereit sind, Benjamin Informationen zukommen zu lassen.» Ein anderer meldete sich zu Wort: «Klar, in jedem Filmabspann liest man eine lange Liste von Mitwirkenden. Nicht nur ein paar Schauspieler, sondern Kostümbildner und Leute, die zu speziellen Fragen hinzugezogen werden. Ganz wichtig beispielsweise: Ein Therapeut, der sich um Benjamin kümmert, wenn der Junge seiner Geschichte nachgeht und das Drama erforscht. Ein Fachmann, der Benjamin hilft, seine Geschichte zu erzählen und sie zugleich wie ein Außenstehender zu betrachten, als Material für einen Film.»

Am Ende des Gesprächs sahen die Erzieherinnen und Erzieher dem Alltag mit Benjamin geradezu mit Neugier entgegen. Die Filmidee hatte das Konfliktpotential in neuem Lichte erscheinen lassen, nicht mehr allein als angsteinflößendes Knäuel schrecklicher Begebenheiten, das alle damit Befaßten überforderte. «Ich bin gespannt darauf», sagte eine Erzieherin, «was passiert, wenn wir das Konzept unseres Umgangs mit Benjamin ändern, dem

Kind einen Raum öffnen, in dem es die Möglichkeit findet, seine Geschichte aufzugreifen. Diese Spannung empfinde ich zugleich als Entspannung. Ich habe jetzt nicht mehr so viel Angst um Benjamin. Vor Benjamin, genaugenommen. Ich freu mich sogar schon ein bißchen auf ihn.»

Vier Wochen später berichteten zwei Abgesandte des Teams, daß die gesamte Wohngruppe inzwischen in das Filmprojekt einbezogen ist und Benjamin als ein fähiges Kind erlebt, als einen tollen Kerl, der sich einen Film ausdenkt, Geschichten zusammenträgt und sie einbaut in sein Gesamtwerk. Dabei kommen ihm sein Organisationstalent und sein Planungsgeschick zugute. Benjamin erfuhr eine enorme Aufwertung in der Gruppe.

Es gelang auch, die Tante und Benjamin – zwei Schauspieler seines Films quasi – bei einem Therapeuten zusammenzuführen. Sie sahen das Tagebuch gemeinsam noch einmal durch. So begann Benjamin, sich seine Vergangenheit Schritt für Schritt zueigen zu machen, sie anzunehmen mit all ihren Schrecken, als eine Inszenierung, die zwar mit ihm zu tun hat, deren Stoff aber sehr weit zurückliegt und von dem manches im Dunkeln schlummert.

Seine Rolle, seine Identität legte Benjamin selbst fest: Die eines Kindes, dessen Mutter und Schwestern umkamen und dessen Vater weit fort ist. Dadurch konnte er sich neu sortieren und ausprobieren, ob er diese Identität annehmen kann. Er konnte Varianten erfinden, die ihm die Vergangenheit erträglicher machten; er konnte sie verwerfen, als er bereit war, einen Schritt weiterzugehen. Er war der Regisseur. Und ein Team stand ihm zur Seite, das ihn unterstützte.

Allen Beteiligten bot Benjamins Geschichte das phantastische Erlebnis, daß es möglich ist, eine schreckliche, unbegreifliche, halb verborgene Tatsache anzuerkennen. Das ist möglich, wenn Menschen, die damit konfrontiert sind, etwas verändern. Benjamin allein hätte es nicht vermocht. Der Junge hätte nicht entscheiden können: «Kann ich das versuchen? Oder kann ich es nicht?» Aber seine Erzieherinnen und Erzieher, die Erwachsenen, beschlossen für sich: «Wir können eine andere Rolle einnehmen, eine andere Position zu dem Kind suchen. Tun wir das, wird auch das Kind sich verändern. Und in der Veränderung liegt seine Chance.»

Als das Unglück geschah, war Benjamin ein Jahr alt. Er konnte aus eigener Erinnerung nicht wissen, was passiert war. Um ihn zu schonen, verbarg seine Tante das Drama vor ihm.

In vielen Familien, in denen etwas Tragisches passiert, wird das so gehandhabt. Einem kleinen Kind, das seine Eltern verlor, durch einen Verkehrsunfall beispielsweise, erzählen die Menschen, bei denen es nun aufwächst: «Wir sind deine Eltern.» Doch immer, wenn es nach seiner Geschichte fragt, bekommt es indirekt die Botschaft: «Da gab es noch jemanden außer uns. Jemanden, der nicht mehr da ist.»

Benjamin erfuhr nicht: «Deine Mutter ist bei einem Unglück umgekommen, und du hattest noch zwei Schwestern, die auch nicht überlebten.» Sondern die Tante sagte: «Deine Familie bin ich.» Dahinter steckte unausgesprochen: «Jetzt bin ich deine Familie.» Oder: «Schon lange bin ich deine Familie. So war es aber nicht immer.»

Im Grunde genommen lernt ein Kind dadurch, zu lügen. Die Lüge hat den Wert, sich mit der eigentlichen Geschichte, die schrecklich ist, nicht auseinandersetzen zu müssen. Das war die Lebensstrategie der Tante. Sie verschwieg dem Kind, was geschehen war, weil sie es ihm nicht zutraute, die harte Wahrheit zu verkraften und aufzuarbeiten. Als sie das Kind aufnahm, begann sie, eine nicht reale Geschichte zu installieren, die vor realem Hintergrund ablief, dem Leben der Tante und ihrem Eingebundensein in ihr Umfeld. Irgendwann wurde es jedoch unmöglich, die Realität mit der erfundenen Geschichte kompatibel zu halten. Es stellte sich heraus: Die Tante ist nicht die Mutter. Das Tagebuch brachte es ans Licht, aber es hätte auch etwas anderes sein können. Ein Nachbarskind beispielsweise, das Benjamin eines Tages ins Ohr raunt, was es von einem großen Feuer weiß.

Nachdem es den Erzieherinnen und Erziehern in der Beratung gelungen war, ihre Rollen gegenüber Benjamin mittels der Filmidee neu zu definieren, suchten wir nach Möglichkeiten, um Benjamin zu helfen, die fehlende Bindung zur Realität wieder herzustellen. Dabei mußten es die Erwachsenen vermeiden, selbst Teil eines Lügenkonstrukts zu werden und ständig zu fragen: «Stimmt das? Oder stimmt das nicht?»

Wir suchten also nach einem Weg, der für alle gangbar ist, nach einer Eselsbrücke zwischen der erfundenen und der zu konstruierenden Geschichte, die der Realität näher rücken sollte. Dabei setzten wir unser Vertrauen in die Möglichkeiten des Erzieher-Teams, genügend Potentiale mobilisieren zu können, um die empfohlene Beraterrolle wahrzunehmen, genügend Phantasie entwickeln zu können, um mit Benjamin zusammen aus der phantastischen Welt wieder in die reale Welt zu treten.

Natürlich hatten die Erzieherinnen und Erzieher Bedenken. «Wir können doch jetzt nicht einfach mitlügen», entsetzte sich einer. Aber wir ermunterten sie, sich an die als erfunden angenommenen Geschichten anzukoppeln und sie mit dem Kind so umzudeuten, daß es möglich wird, Verbindungen zur Realität zu schaffen.

Dazu diente beispielsweise der Vorschlag: Wie wäre es, wenn ihr Ortstermine macht? Fahrt doch mal in die Stadt, in der das Kind gelebt hat. Die Erwachsenen sagten: «Ja, das versuchen wir. Wir werden mit Benjamin hinfahren.» Die Filmidee verhalf ihnen dazu, Situationen nicht angstbesetzt, sondern spielerisch wahrzunehmen und es dem Kind so zu ermöglichen, an seine schreckliche Geschichte Schritt für Schritt heranzugehen.

Benjamin ließ dieses Herangehen zu, und er hatte in jeder Situation Partner, die seine Erlebnisse teilten und ihm halfen, sie zu verarbeiten.

Frau L.'s Geschichte
ODER
«Unwertes Leben» aufwerten

«Wir haben Ärger mit Frau L.», erzählten die Erzieherinnen eines Bremer Kindergartens, in den auch einige behinderte Kinder gehen. Frau L.'s fünfjähriger Sohn, ein Spastiker, gehört dazu. «Von unserer Krankengymnastin verlangt Frau L., intensiver mit dem Sohn zu arbeiten. Sie erwartet, daß auch wir Erzieherinnen mit dem Kind üben, und fordert darüber Rechenschaft von uns. In Elterngesprächen pocht sie jedoch darauf, daß ihr Kind ein Recht auf sein So-Sein habe, nicht ständig gefördert werden müsse, sondern seine Ruhe brauche. So geht das hin und her, und wir wissen nicht mehr, woran wir sind. Was will die Frau eigentlich?»

Um das herauszufinden, boten wir ein Beratungsgespräch an. Frau L. war einverstanden.

Frau L. kam aus Bayern und lebt seit einigen Jahren in Bremen. «Der Ortswechsel war beruflichen Anforderungen meines Mannes geschuldet», erzählte sie. «Ich war nicht gerade glücklich darüber, aber inzwischen habe ich mich hier ganz gut eingelebt.»

Bei der Erarbeitung der Familienskizze hielt sich Frau L. nicht lange bei ihren Eltern auf. Ausführlicher beschrieb sie ihre Großeltern und erzählte, daß Eigenschaften der Altvorderen wie Geselligkeit, Fröhlichkeit, Energie und Dynamik, Vitalität und Genußfähigkeit auch zu ihrem Wesen gehören.

Im Laufe der Beratung konzentrierte sie sich immer mehr auf ihren Großvater väterlicherseits. Zu seinen Lebzeiten war er Beamter in einer bayrischen Großstadt, und sie erinnerte ihn als einen Menschen, der viele positive Seiten hatte. Seine gesellschaftliche Einbindung und das Ansehen, das er in der Stadt genoß, imponierten ihr, seine Fähigkeit, für andere eine wichtige Rolle zu spielen, bewunderte, ja beneidete sie. Plötzlich und eher beiläufig erwähnte sie, daß dieser Großvater nationalsozialistischen Ideen anhing und sich bis in die Nachkriegsjahre, die er noch erlebte, dazu bekannt hatte. Als Beamter habe er sich an der Ausrottung «lebensunwerten Lebens» beteiligt. Sie wußte das zeit ihres Lebens, erklärte Frau L., hatte es aber verdrängt.

Frau L. erinnerte sich an Sentenzen des Großvaters, die in der Familie weitergegeben wurden, manchmal im Ton verhaltener Entrüstung, manchmal entschuldigend, aber nicht selten auch voller Bewunderung. «Die Zeiten waren eben so. Er hat getan, was man von ihm verlangte. Und auch später stand er dazu. Das soll ihm erst mal einer von den Schlappschwänzen heute nachmachen», hieß es. Der Großvater war ein geachteter Mann.

Wie er reagiert hätte, wenn er miterlebt hätte, daß sie ein behindertes Kind zur Welt brachte, das mochte Frau L. sich nicht vorstellen. Der Gedanke, daß Kinder wie ihr Sohn auf den Listen, die der Großvater säuberlich und korrekt zusammengestellt hatte, zu finden waren, entsetzte sie. «Es ist doch kein Makel, wenn ein Kind nicht laufen kann. Wer darf ihm deshalb sein Recht auf Leben absprechen?» empörte sich Frau L. Aber sie erinnerte sich auch daran, wie schockiert sie war, als die Ärzte ihr mitteilten, daß der Junge sich nie so bewegen wird wie andere Kinder, wie gesunde Menschen. Damit wollte sie sich nicht abfinden, und sie schwor sich, alles in ihren Kräften Stehende dafür zu tun, daß ihr Sohn einmal läuft. Koste es, was es wolle.

Es fiel Frau L. schwer, das auszusprechen. Es bereitete ihr Qualen, den Gedanken zuzulassen, sie würde ihr Kind im Grunde genommen mit den Augen des Großvaters sehen, ihr Kind, das eine so deutliche Auffälligkeit an sich trägt, daß es – der Überzeugung des Großvaters nach – «unwertes Leben» verkörpert. Sie ertappte sich dabei, ihr Kind nicht so akzeptieren zu können, wie es ist, sondern es verändern, es «normalisieren» zu wollen.

Zugleich empfand sie es als befreiend und erleichternd, über diese Entdeckung zu reden. Es schien ihr, als sei eine Last, die sie immer schon bedrückte, allein durch das Erzählen leichter geworden.

Kurz darauf entschied sich Frau L., mit einer Therapie zu beginnen, um den gerade entdeckten Teil ihrer Persönlichkeit gründlicher zu bearbeiten. Ihr Sohn blieb noch knapp ein Jahr im Kindergarten, dann erreichte er das Schulalter.

Es war nicht so, daß Frau L. ihr Kind von einem Tag auf den anderen mit neuen Augen sah. Aber es wurde deutlich, daß sie sich zurücknahm. Sie gab die starke Orientierung auf den Therapieerfolg des Sohnes auf, verringerte den Druck auf das Kind und auf die Fachleute, die mit ihm arbeiteten. Das tat dem Jungen gut.

In Frau L.'s Geschichte berühren sich Gegenwart und Vergangenheit besonders tragisch. Versatzstücke faschistischer Ideologie, meist indirekt von Generation zu Generation übertragen, leben fort. Gerade in Familien, deren Mitglieder auf die eine oder andere Weise daran beteiligt waren, findet die Auseinandersetzung mit dem Faschismus kaum statt. Über diese Zeit wird konsequent geschwiegen. Oder man reicht ein paar Episoden und Zitate weiter, die wie Schleier über die Vergangenheit fallen, sie milde bedecken und die Botschaft vermitteln: Besser nicht daran rühren.

Selten wagt einer der Nachgeborenen, Fragen zu stellen. Aus Angst davor, zu verletzen, und aus dem dumpfen Gefühl des eigenen Ungenügens heraus: «Wie hätte ich gehandelt ... Wäre ich auch ...»

Wo nicht erzählt wird, wird nicht weitergegeben und nicht verarbeitet. Über Generationen hinweg bleiben Menschen im Dunkeln, was ihren familiären und damit persönlichen – wenn auch vermittelten – Anteil an der Vergangenheit betrifft.

Als Frau L. sich auf ihre Großeltern besann, stand ihr mehr zur Verfügung als das schreckliche Erbteil des Großvaters. Aktivität und Engagement bewies sie bei der Wahl des Kindergartens für ihren Sohn, Willensstärke und Konsequenz, als sie sich mit ihm um Entwicklungsfortschritte bemühte. Sie versuchte, ihrem

Kind günstige Ausgangspositionen für die Integration in die Gesellschaft zu verschaffen. Aber sie konnte nicht unbelastet vorgehen, denn sie trug schwer an dem, was der bayrische Nazibeamte ihr hinterlassen hatte.

Dieser Mann, ein Schreibtischtäter, war Ehemann und Vater. Frau L. erinnerte sich an Erzählungen, die ihn als angenehmen Menschen beschrieben. Sie suchte Fotos hervor: Der Großvater im Kreise der Familie und bei ganz alltäglichen Verrichtungen, Gartenarbeit, Kindergeburtstag, ein Ausflug. Sie empfand es als erleichternd, ihn nicht allein aus der Perspektive seiner schuldhaften Verstrickung mit dem Faschismus sehen zu dürfen, vielmehr auch die Seiten an ihm zu erinnern, die nicht der Todesmaschinerie dienten, sondern Lebensqualität beschrieben, für sie, aus ihrer heutigen Sicht.

Frau L. bemühte sich, zu differenzieren und klar für sich zu bestimmen: «Wovon muß ich mich abgrenzen? Was muß ich loswerden? Und was kann ich behalten?»

Den Ursprung und damit auch den Sinn einer problematischen Verhaltensweise zu finden fällt leichter, wenn Geschichten von Alkoholabhängigkeit, von Gewalt oder Verrat erzählen, von menschlichem Versagen und seinen Ursachen. Der prügelnde Mann, die verlassene Frau, der Geizhals, die Säuferin – warum waren sie so? Was habe ich heute damit zu tun?

Frau L.'s Geschichte jedoch berührt einen besonderen Punkt, die dunkelste Zeit deutscher Geschichte, Schuld und deren Verdrängung. Dies erschwerte Frau L. den Zugang zu den Potentialen des Großvaters, den schlimmen wie den guten, verhinderte die Auseinandersetzung damit und wirkte auf das Leben mit ihrem behinderten Kind zurück.

Einerseits trat sie für die besonderen Bedürfnisse ihres Sohnes ein und sagte: «Nein, ich schäme mich meines Kindes nicht. Es soll seine Chance in dieser Gesellschaft haben.» Andererseits wirkte das Erbteil des Großvaters in ihr, es mobilisierte und band Kräfte. Kräfte, die sie einsetzte, um das Kind zu verändern, es dem Menschenbild des Großvaters anzunähern.

Lebt man mit einem behinderten Kind, dann weiß man: Therapie ist nötig. Doch wo ist die Grenze? Wann hört man auf, zu fordern? Wann muß man sich damit abfinden, daß Therapie keine Wunder bewirkt? In dieser schwierigen Dynamik befinden sich Eltern behinderter Kinder. Sie müssen fordern, auch mit Nachdruck: «Komm, jetzt übst du noch ein bißchen.» Und sie müssen nachlassen, in dem Moment, da das Kind der Ruhe bedarf, oder ganz und gar, weil eine Grenze erreicht ist.

Frau L. konnte sich verabschieden von den Gespenstern der Vergangenheit in ihrem Kopf, die ihr zuflüsterten: «Dein Sohn ist kein vollwertiger Mensch mit seiner Behinderung. Sie ist eine Gefahr, und du mußt sie bekämpfen. Nur wenn dir das gelingt, hat dein Sohn ein Lebensrecht, an dem niemand zweifeln kann. Erst wenn du das geschafft hast, wirst du zufrieden sein.»

Familiengeschichten wie die der Frau L., Gespräche, in denen es um Schuld und Verdrängung geht, berühren jeden Beratenden in besonderer Weise. Die Gefahr liegt nahe, sich an der Schuld eines Menschen zu orientieren und ihn innerlich abzuwerten. Der Respekt vor dem anderen, der Abstand zur Erzählerin wie die Achtung vor dem Erzählten müssen jedoch gewahrt bleiben, um welches Thema es auch geht.

Hilfreich ist es, in solch schwierigen Situationen immer wieder nachzufragen, zuzuhören und weder bewertend noch verurteilend einzugreifen. Stellt sich heraus, daß das behandelte Thema die Beraterin, den Berater selbst betrifft, dann ist es sinnvoll, das ehrlich einzuräumen. So erklärt sich Anspannung in der Gesprächshaltung, Abwehr in Mimik oder Gestik; und die Erzählende muß diese Zeichen nicht auf sich beziehen. Sie hat die Möglichkeit, zu unterscheiden zwischen der Reaktion auf ihre Geschichte und der Reaktion des Zuhörers auf sein eigenes Thema, das ihre Erzählung berührt. Der Gesprächsfluß bleibt erhalten.

Die Leistung des aktuellen Sich-Erinnerns jedoch, nicht selten verbunden mit deutlichem Ausdruck von Angst und Schmerz, sowie die Arbeit, die da so wahrnehmbar geleistet wird, ermöglichen Anerkennung und den positiven Kommentar.

Es lag auf der Hand, daß Frau L. die gesellschaftliche Einbindung ihres Kindes betrieb, indem sie entschied: «Mein Sohn geht nicht in ein gängiges Kindertagesheim, sondern er soll Integrationspädagogik erleben. Ich will ihm einen möglichst guten Start in der Gesellschaft verschaffen, und ich fange im Kindergarten damit an.» Um diese Entscheidung zu treffen und sie der dunklen Stimme in ihrem Innern gegenüber zu verteidigen, bezog sich Frau L. auf einen Fundus positiver Potentiale, die ihr zu Gebote standen. Als sie sich dem Erbteil des Großvaters stellte, war sie nicht allein mit ihm konfrontiert und nicht allein mit dieser einen seiner Seiten. Ihr Fundus war breiter, vielfältiger, und daraus gewann sie Stärke für die Auseinandersetzung.

Frau L. war es, die von der faschistischen Vergangenheit des Großvaters erzählte. Sie hatte es gewagt, darüber zu sprechen, angeregt durch ihre Familienskizze und bestärkt durch die bekannten, offenliegenden positiven Potentiale. Sie war gewappnet, als sie in den unbearbeiteten, von Gespenstern besetzten Teil ihrer Familiengeschichte einstieg. Und sie erlebte diesen Einstieg als eine Suche nach hilfreichen Fähigkeiten, nicht als Fahndung nach dem bösen Wolf. Im Gespräch ging es nicht darum, Schuldige auszumachen, schlimme Geheimnisse aufzudecken, sondern Familiengeschichte so zu besprechen, daß sie Probleme in aktuellen Lebenssituationen zu lösen hilft.

Übrigens soll niemand meinen, er sei gefeit vor den Schatten der Vergangenheit. Im Umgang mit Andersartigkeit – seien es soziale, medizinische, kulturelle oder historische Phänomene – ergeben sich immer wieder Situationen, in denen Erzieherinnen und Therapeuten Gefahr laufen, von ihren eigenen Normen und Werten als den einzig wahren und gültigen auszugehen. Diese Arroganz hat eine Wurzel in der faschistischen Ideologie vom Herrenmenschen. Und sie führt unweigerlich zur Krise in der Beratung.

Jede Krise aber, egal, wie groß sie ist, birgt die Möglichkeit, Entwicklung in Gang zu setzen, bietet die Chance zu besonders schneller, effektiver und umfangreicher Veränderung. Wenn man sie nutzt.

Monikas Geschichte
ODER
Abschied von Tradition und Erbe

Monika hatte bereits eine Fortbildung zum Thema «Familienskizze» absolviert, als sie eines Tages wieder vor der Tür stand und sagte: «Ich brauche dringend Rat und möchte mir meine Familiengeschichte noch einmal ansehen. Vielleicht hilft mir das weiter.»

Der Anlaß für diesen Besuch: Monikas Familie sah sich in einen Kriminalfall verwickelt, aus heiterem Himmel, und alle waren sehr aufgeregt. Monika erzählte: «Vor ein paar Tagen kamen zwei Beamte der Kriminalpolizei zu mir. Auf dem Feld hatte man den Traktor meines Bruders gefunden, verlassen. Hinter der Sämaschine stieß man auf eine Blutlache, so groß, daß man annahm, da sei jemand zu Tode gekommen. Das Blut könnte von meinem Bruder stammen; er hat die gleiche Blutgruppe. Und mein Bruder ist verschwunden. Niemand hat ihn mehr gesehen, seit er vom Hofe fuhr. Die Polizei geht von einem Verbrechen aus.

Nach dem ersten Schock wurde mir klar: Jetzt geht alles von vorne los. Jetzt hast du die Familie wieder am Hals, und dann noch mit so einer scheußlichen Sache! Du mußt etwas tun, und zwar sofort.»

Monikas Beziehungen zu ihrer Familie waren weder besonders eng noch besonders herzlich. Seit Jahren lebte sie in der Stadt ihr eigenes Leben. Obwohl der elterliche Hof nur eine Autostunde entfernt auf dem Lande liegt, sah Monika ihre Angehörigen nur selten. Familie – das war für sie ein abgeschlossenes Kapitel, schien es.

Nun litt sie, und zwar in doppelter Hinsicht: Sie konnte um

ihren Bruder nicht trauern, weil er verschwunden war. War er schwer verletzt, lebte aber noch? War er tot? Kein Mensch konnte sich erklären, was mit ihm geschehen war.

Zum anderen mußte sie sich erneut mit der Familie auseinandersetzen, um ihn, den Sohn der Familie – so nannte sie ihren Bruder –, wieder zu ihrem Bruder zu machen. Seit Jahren war sie so zerstritten mit ihm, daß ein Gefühl wie Trauer keinen Platz in ihr fand. «Ich muß meine Wut auf den Bruder ausleben können, sonst finde ich keine Ruhe und werde mich nie von ihm verabschieden können. Ganz egal, ob er tot ist oder nicht», sagte sie.

Zusätzlich belastete Monika, daß der Tod des Bruders, von dem die Polizei ausging, einen Positionswechsel in der Geschwisterreihe verursachen würde. Monika befürchtete, nun zur Traditionsträgerin der Familie zu werden, eine Funktion, die der Bruder bisher wahrgenommen hatte. Stellte sie sich dieser Funktion, so mußte sie sich mit der ungeliebten Mutter konfrontieren, von der sie sich unter Mühen abgewandt hatte. Also geriet all das plötzlich ins Schlingern, was sie vor dem Verschwinden des Bruders im Gleichgewicht gehalten hatte.

Monika erzählte, daß ihr mit Hilfe der Familienskizze, die wir vor zwei Jahren angefertigt hatten, die Möglichkeit zuwuchs, ein neues Bild der Mutter und damit auch der gesamten Familie zu entwerfen, ein Bild, das sie entlastete. Nun wollte sie herausfinden: Wie ist die Familie organisiert, wenn der ältere Bruder fehlt?

Drei Arbeitsthemen kristallisierten sich im Gespräch heraus: Erstens Monikas Unvermögen, um den Bruder zu trauern; zweitens Monikas Verhältnis zu ihrer Mutter und drittens die Suche nach einer Position in der Familie, die es ihr erlaubt, ihre Unabhängigkeit von der Mutter zu bewahren und den Status, den sie vor dem Verschwinden des Bruders innehatte, nicht zu gefährden.

«Wie war mein Bruder eigentlich?» überlegte Monika, «und wie müßte er sein, damit ich mich von ihm verabschieden kann?» Um jemanden zu trauern, dem man gram ist, das ist nicht möglich. Das eine intensive Gefühl schließt das andere aus.

«Ich sehe immer noch diese Blutlache vor mir», Monika schüttelte sich unwillkürlich. «So schrecklich das klingt – irgendwie ist sie ein treffendes Bild. Seine Gier, alles an sich zu reißen, hat ihn im wahrsten Sinne des Wortes ausgeblutet. Ob oder wie er auch immer gestorben sein mag – im Grunde genommen erlitt er einen Tod, der zu ihm paßt. Schon zu Lebzeiten der Eltern sorgte er dafür, daß das gesamte Erbe an ihn fiel und wir jüngeren Geschwister, mein Bruder Martin und ich, leer ausgingen, vom Hof und aus der Familie vertrieben wurden.»

Beim neuerlichen Erarbeiten der Familienskizze erinnerte sich Monika an Details, die ihr vorher nicht in den Sinn gekommen waren. Ihre Mutter kam aus einer bäuerlichen Familie, die den Hof schon über Generationen hinweg bewirtschaftete. Monikas Großvater allerdings hatte das Erbe schlecht verwaltet, weil er sich lieber in der Stadt verlustierte als auf den Feldern. Immerhin bestand der Hof noch, wenn auch hoch verschuldet, als der Großvater das Zeitliche segnete. Aber die Familie litt unter den knappen Verhältnissen.

Als einziges Kind der Großeltern erbte Monikas Mutter den heruntergekommenen Hof, obwohl die Familie ihr nachsagte: «Hildegard mit ihren zwei linken Händen wird noch den letzten Rest unter den Hammer bringen.»

Solchen Abwertungen war Monikas Mutter immer wieder ausgesetzt, bis sie in ihrem zweiunddreißigsten Jahr den Hof übernahm. Um die Verantwortung nicht allein tragen zu müssen, verband sie sich mit einem Mann, der aus einer Handwerkerfamilie stammte, und bekam drei Kinder mit ihm. Er half beim Aufbau, und die beiden schafften es, Substanz in den Hof zu bringen. Dabei lebte die Familie in spartanischen Verhältnissen, immer von der Sorge getrieben: «Wer soll den Hof später übernehmen? Wen müssen wir woanders unterbringen, damit er nicht im Wege steht?»

Für die jüngeren Geschwister, Monika und Martin, gab es auf dem Hof keine Perspektive. Darüber ließ man sie auch nicht im Ungewissen, und so entschieden sich beide beizeiten für Berufe, die mit der Landwirtschaft nicht das geringste zu tun hatten. Der älteste Bruder hingegen wurde schon von Kindesbeinen in die bäuerliche Tradition eingebunden und in allem unterwiesen, um den Hof so schnell wie möglich zu übernehmen, damit ein Bauer und kein angeheirateter Handwerker ihn weiterführen kann.

In die für ihn vorgesehene Rolle wuchs der Bruder problemlos hinein und gebärdete sich schon als Jugendlicher wie der Herr im Haus. Seinen jüngeren Geschwistern gab er das Gefühl, daß sie ihm nicht die Schuhbänder lösen können.

«In dieser Zeit», erzählte Monika, «setzte sich in meinem Kopf fest: Das ist nicht mein Bruder, sondern der Sohn der Familie, der einzige, der auf dem Hof bleiben darf. Ich glaube nicht mal, daß ich mir diese Formulierung ausgedacht hatte; sie lag in der Luft.»

Monikas Vater, ein Schlosser, hatte sich unter den Bauern Anerkennung erworben. Er konnte sein Handwerk auf dem Hof einbringen und reparierte alle technischen Geräte. Nie war es nötig, einen neuen Traktor anzuschaffen, die anfangs spärlich und später reichlicher fließenden Mittel konnten für andere Dinge eingesetzt werden. Man kaufte Land dazu und erweiterte die Wirtschaft.

Um die wirtschaftlichen Angelegenheiten kümmerte sich Monikas Mutter. «Wenn ein Schwein verkauft wurde», erinnerte sich Monika, «handelte sie wie der Teufel um die arme Seele, und jeder mußte damit rechnen, Federn zu lassen. Sie sparte jeden Pfennig. Hier mal ein Eis und da ein paar Bonbons – das gab es bei uns nicht. Im Urlaub verreisen? Nie! Wenn es die Klassenfahrten in Landschulheime nicht gegeben hätte, ich wäre bis zum Ende der Schulzeit nicht vom Hof gekommen. Kann man sich heute gar nicht mehr vorstellen … Von früh bis spät arbeiteten die Eltern auf den Feldern und im Stall. Manchmal sahen wir sie den ganzen Tag lang nicht.»

Als sie alt genug war, übernahm Monika Pflichten im Haushalt, und Martin, der jüngste, mußte sich um die Hühner und Karnickel kümmern, was er gern vergaß.

Wie wäre Monikas Leben verlaufen, wenn sie den Hof hätte

erben können? Wenn sie – wie ihre Mutter – das einzige Kind ihrer Eltern gewesen wäre?

«Ich hätte wahrscheinlich keinen Beruf gelernt, wäre nicht in die Stadt gezogen und hätte es nicht geschafft, unabhängig zu werden», antwortete sie. «Ich wäre Bäuerin geworden, hätte zwei, drei Kinder und einen Horizont, der am Ende der Felder aufhört. Oder hinter dem Kuhstall. Wahrscheinlich wäre ich sehr unzufrieden mit dem Leben, denn was der fröhliche Großvater sich leistete, der den Hof fast verjubelte, das hätte ich auch gern gemacht. Aber ich hätte es nicht tun dürfen, um den Hof nicht noch einmal zu gefährden.»

Ohne den Hof lebt Monika, wie es ihr gefällt. Sie übt einen Beruf aus, der ihr Freude macht, sie mit anderen Menschen zusammenführt und ihr Anerkennung bringt. In unserem Gespräch merkte sie: Daß es so gekommen ist, hat etwas mit der Ausgrenzung zu tun, die sie als Kind, als nachgeborenes Mädchen erlebte.

Als wir darüber sprachen, fiel ihr plötzlich auf, daß sie sich in einer ähnlichen Lage befunden hatte wie ihre Mutter, der niemand zutraute, den Hof zu übernehmen. Der Unterschied: Monika wurde nicht als unfähige Bäuerin angesehen, sie wurde als Bäuerin überhaupt nicht in Betracht gezogen, da sie einen älteren Bruder hatte. Deshalb entwickelte sie nicht die bäuerliche, sondern suchte nach einer anderen Identität.

Sie konnte sich daran erinnern, daß ihr Vater, der Handwerker, sie dabei unterstützte. Er riet ihr: «Mädel, lern einen Beruf, dann weißt du dir immer zu helfen. Dann bist du auf niemanden angewiesen. Das wird dir später nützen.»

Mit ihrer distanzierten Position zur Familie, die Monika sich hart erarbeitet hatte, brachte sie ein Opfer. Mit dem Verzicht auf die Liebe der Mutter und dem erzwungenen Rücktritt von der Erbschaft erkaufte sie ihre Unabhängigkeit teuer. Sicherlich rührte auch daher ihre ungebrochene Wut auf den Bruder, die es ihr unmöglich machte, ein Gefühl der Trauer, des Abschieds zuzulassen.

Nun hatte sie begonnen, sich mit dem Bruder auseinanderzusetzen. Das war ein Anfang, und Monika baute ihn aus: «Natürlich ist er mehr als der ‹Sohn der Familie›, mit der ich nichts mehr zu tun haben will. Er ist mein Bruder, war es immer. Zwar übernahm er den Hof, ohne mit der Wimper zu zucken, kümmerte sich nie um Martin und mich, aber dadurch verschaffte er mir letztlich allerhand Freiheiten. Seine Gier ermöglichte es mir, nicht raffen zu müssen, sondern mit vollen Händen ausgeben zu können, was ich besitze.»

Völlig klar war für Monika, daß sie auch weiterhin unabhängig bleiben möchte, obwohl der familiäre Druck auf sie als die nunmehr älteste zunahm. Dabei ging es nicht um den Hof, denn der Bruder hatte die Erbfolge längst auf seine Weise geregelt. Da er und seine Frau keine Kinder haben konnten, nahmen sie ein Adoptivkind auf, einen Jungen. «Dieser Junge, eigentlich ein Fremder, ist nun der Besitzer des Hofes. Das bereitet mir kein Kopfzerbrechen», sagte Monika. «Ganz davon abgesehen, daß es mich nicht in die Landwirtschaft zieht – auch mein Vater war ein zugeflogener Vogel. Trotzdem hat er seine Sache gut gemacht. Der Junge wird es ebenfalls schaffen», meinte sie. «Da bin ich ganz zuversichtlich, denn er ist der Typ dafür und hat Interesse.»

Die familiären Erbschaftsregelungen erklärte sie so: «Im Grunde befindet sich kein Hof tatsächlich im Besitz einer Familie. Er ist eine Leihgabe, und die Familie, die ihn bewirtschaftet, hat den Auftrag, ihn so zu erhalten, daß die nächste Generation ihn mit Gewinn übernehmen kann. Keiner darf sagen: ‹Das ist mein Hof, damit kann ich tun und lassen, was ich will. Morgen verkaufe ich ihn, und mit dem Geld mache ich mir ein schönes Leben.›

So ein Hof kann einem wie ein Stein am Hals hängen. Und das Leben darauf hat sehr viel mit Pflicht zu tun. Bei Lichte besehen bin ich ganz froh, daß ich an dieser Pflicht nicht zu tragen habe.

Im Grunde genommen hat die Familie mich geschützt, als sie mich nicht erben ließ. Sie hat mich davor bewahrt, die Leihgabe anzunehmen.»

Monika zu schützen, das war natürlich nicht die Intention der

Familie. Aber als Nebeneffekt kam es heraus. Und dieser Nebeneffekt wurde in Monikas Leben immer mehr zum Haupteffekt.

Nachdem es Monika möglich geworden war, ihren Bruder als Bruder anzunehmen, die Mutter als eine Frau zu sehen, die sie trotz oder vielleicht sogar wegen ihres schweren Lebens davor bewahrte, die gleiche Bürde zu tragen, bekam sie eine Empfehlung, quasi als Hausaufgabe. Sie sollte einen Brief an den Bruder schreiben, der drei Punkte beinhaltet: Was kann ich ihm über die Verletzungen mitteilen, die er mir zugefügt hat? Was vermisse ich, seit der Bruder nicht mehr da ist? Was möchte ich ihm sagen, um es loszuwerden, es auf ihn zu übertragen?

Wenn Beerdigungen nicht vollzogen werden können – aus welchen Gründen auch immer –, fehlt ein Ritual, um das Leben mit dem Menschen in ein Leben ohne den Menschen zu überführen. Bei Beerdigungen treffen sich die Hinterbliebenen und lassen an sich vorüberziehen, was sie mit dem Menschen erlebten, den sie zu Grabe tragen. Damit sie ein ähnliches Ritual vollziehen kann, sollte Monika den Brief schreiben und ihn zur folgenden Sitzung mitbringen.

Sie nahm die Empfehlung an. Beim nächsten Treffen las sie den Brief vor und sagte: «Als ich diese Zeilen schrieb, wurde mir klar, daß die Sache damit nicht ihr Bewenden hat. Das wäre zu einfach. Mir wurde klar, daß ich das Testament des Bruders anfechten muß. Ich will den Hof nicht, beileibe nicht. Er ist vergeben, und das hat auch seine Richtigkeit. Aber ein Pflichtteil steht mir zu, und darauf will ich nicht verzichten.

Der Hof läuft gut, die Familie des Bruders gerät durch meinen Anspruch nicht in Not. Wir werden uns sicherlich einigen. Sollte das jedoch nicht möglich sein, dann kämpfe ich um den Pflichtteil und werde mein Recht im Notfall einklagen. Daß ich diese Sache so sehe und sicherlich auch konsequent durchstehen werde, hat damit zu tun, daß ich mich dem Bruder, der Familie, nicht mehr fügen will und muß. Ich bin nun die älteste der Geschwister, und ich lasse mich nicht noch einmal vertreiben.»

Im Brief an den Bruder schrieb Monika: «Wie konntest du uns allein lassen und dich mit der Mutter verbünden? Warum hast du dich mit Martin und mir nicht auseinandergesetzt? Du hast nicht nur uns, deine Geschwister, verraten, sondern dich aufgegeben. Wer bist du eigentlich? Ich erkenne in dir nur die Mutter, die den Hof retten wollte und ihn über alles stellte. Trotzdem, ich vermisse dich. Ich vermisse deinen Schutz, denn du warst es, der mir die Mutter vom Leibe hielt. Nun bist du fort, und ich muß mich irgendwann mit ihr befassen. Bevor auch sie fort ist.»

Monika erzählte, daß sie beschlossen habe, mit dem jüngeren Bruder zur Familiengruft zu fahren, in der der leichtsinnige Großvater liege und auch der Vater. Sie werde den Brief mitnehmen und dort für ihn einen Platz finden. Auf diese Weise erhalte der Bruder so etwas wie ein Begräbnis, wenigstens eine Lagerstatt.

In der vierten Sitzung berichtete Monika, daß ihr dieses Ritual sehr geholfen habe. Es gehe ihr wesentlich besser, wenn sie an den Bruder denke, sie werde weder wütend noch depressiv dabei.

Als wir über die Mutter sprachen, bestand Monika darauf, den Zustand der Abgrenzung aufrechtzuerhalten, den sie nach dem Verschwinden des Bruders in Gefahr geraten sah. Mit Hilfe der Familienskizze überlegte sie: «Was ist eigentlich in der Geschichte der Familie passiert, vor meiner Zeit?»

Der Vater ihrer Mutter, der mehrfach erwähnte Luftikus, war ein Großbauernsohn. Eines Tages verliebte er sich in eine Frau aus dem Adelsstand und heiratete sie. Nicht nur aus Jux und Tollerei, auch aus Liebe zu der Frau setzte er den Hof aufs Spiel. Er wollte ihr das bieten, was sie gewohnt war. Reisen, Besuche in Kurhäusern und Spielcasinos, bei denen er viel Geld verlor. Sein Leben war abenteuerlich und prall, nicht das eines Hüters der Scholle.

Monika erkannte, daß etwas vom Wesen des Großvaters in ihr steckt – unterwegs sein, Jubel und Trubel genießen, Spaß am Risiko und Lust auf Abenteuer. Da keine Verpflichtung sie band, konnte sie diese Seiten ihres Wesens viel unbeschwerter ausleben als ihr Großvater.

Von den Fähigkeiten der Mutter nahm Monika das kaufmännische Talent für sich in Anspruch, das Geschick, Kapital anzuhäufen. Allerdings hatte sie nicht die Pflicht, die Verhältnisse damit zu sanieren. «Ich kann auch ganz gut hökern», erzählte sie lachend. «Von dem ausstehenden Erbteil werde ich mir ein neues Auto kaufen, einen schnellen Flitzer, den ich mir eigentlich nicht leisten kann, genaugenommen.» Daß sie dabei einen günstigen Preis herausschlagen werde, dessen sei sie gewiß. «Ja», sagte Monika, «auch das stammt aus meiner Familie. Aber es kommt mir zugute und nicht dem Hof. Die Mutter hätte alles für den Hof eingesetzt, ich setz es für mich ein, für mein Vergnügen. Beides hat seine Berechtigung, und ich laß mir von niemandem weismachen: Du lebst falsch.»

Die Frauen in Monikas Familie, so scheint es, finden ihren Weg und lassen sich davon nicht abbringen, trotz aller Widrigkeiten. Obwohl es ihr niemand zutraute, wurde Monikas Mutter eine gute Bäuerin und brachte den Hof voran. Und Monika, ebenfalls zurückgewiesen, fand zu einem Lebensstil, der ihr entspricht, und verteidigt ihre Interessen.

«Ich glaube mittlerweile, daß ich keinen Schutz mehr brauche», sagte Monika am Ende der Sitzung. «Ich kann mich jetzt allein wehren, und wenn ich in Schwierigkeiten gerate, wird mir mein Mann helfen.

Bestimmt vergeht noch etliche Zeit, bis ich der Mutter begegnen kann. Aber wenn es soweit ist, werde ich keine Angst mehr davor haben. Der Rest von Wut in meinem Bauch ist dann vielleicht auch verflogen.»

Monikas Geschichte ist eine Geschichte des Abschieds von Tradition und Erbe. Dennoch hat der Weg, den sie einschlug, manches mit ihrer Herkunft zu tun. Monika arbeitet im sozialen Bereich, hilft anderen Menschen und sorgt dafür, daß sie zufrieden sind. Sie übernahm die klassische Frauenrolle, aber mit eigener Identität.

Der Hof auf dem Lande bleibt im Besitz des Adoptivsohnes ihres verschwundenen und wahrscheinlich toten Bruders. Bis der Junge, zwölf oder dreizehn Jahre alt, sein Erbe antreten kann, leitet seine Mutter den Hof, eine Frau bäuerlicher Herkunft. Die Fachlichkeit ist also gesichert, und Monikas Mutter, die Großmutter des Jungen, sitzt auf dem Altenteil, ruht sich aus und guckt zu.

Frau P.'s Geschichte
ODER
Hauptsache «ordentlich»

Familie P. hatte sich zu einem Beratungsgespräch angemeldet, und sie erschien auch zum Termin: Mutter, Vater, die zehnjährige Tochter und selbst der einjährige Sohn, auf dem Arm der Mutter sitzend und zufrieden an seinem Fläschchen nuckelnd.

Das Problem: «Unsere Tochter lügt wie gedruckt», sagten die Eltern, «in der Schule, zu Hause, überall denkt sie sich die wildesten Geschichten aus. Wir wissen nicht mehr, was wir tun sollen. Und wir begreifen auch nicht, warum sie das macht. Wir sehen nur, es wird immer schlimmer.» Das Mädchen saß dabei, völlig ungerührt von dem, was die Eltern gerade berichteten.

Als wir über die Geschichte der Familie P. sprachen, stellte sich heraus, daß Frau P. das Mädchen mit in die Ehe gebracht hatte. Ohne die Stimme zu senken, in gleichbleibend freundlich-sachlichem Ton fügte Frau P. hinzu: «Susanne weiß aber nicht, daß mein Mann nicht ihr wahrer Vater ist.»

Das Mädchen saß unmittelbar neben uns. Es machte den Eindruck, als höre es sehr interessiert zu. Meinten die Eltern tatsächlich, daß das Mädchen keine Ahnung habe? Sie hatten die Geschichte doch gerade erzählt, laut und vernehmlich.

«Nein, Susanne weiß nichts davon», sagte die Mutter im Brustton der Überzeugung. Die Tochter zuckte mit keiner Wimper.

Wir redeten weiter. Das Mädchen, bisher hatte es geschwiegen, beteiligte sich am Gespräch, als es gefragt wurde, und antwortete: «Ja, das war so, da hat meine Mutter ... Und dann kam mein Vater ...» Ganz normal. Mein Vater, meine Mutter – ungescheut sprangen ihr die Worte von den Lippen. Wahrscheinlich blieb dem Kind gar nichts anderes übrig, als sich loyal zu dem zu verhalten, was die Eltern erzählten, wie auch immer es selbst zum jeweiligen Gesprächsinhalt stand. Wahrscheinlich war das das erwünschte Verhalten.

Im Beisein ihrer Tochter erwähnte Frau P., daß sie zum dritten Mal verheiratet sei. Ihre erste Ehe blieb kinderlos und war ziemlich schnell zu Ende. Aus der zweiten Ehe stammte die Tochter und das Baby nun aus der dritten.

«Meine Eltern», berichtete Frau P., «erwarteten zeit ihres Lebens, daß ich etwas Vernünftiges zustande bringe. Damit meinten sie eine Ehe, die hält. Auseinanderzugehen, wenn man sich nicht versteht, das kam für sie nicht in Frage. Zähne zusammenbeißen und durch – so war ihre Devise. Man muß sich Mühe geben, nicht immer nur an sich denken, auch mal zurückstecken. Erst recht, wenn man Kinder hat. Solche Ratschläge hatten sie parat. Aber ich konnte das nicht. Wenn es aus war, dann war es aus.»

Jedes Mal, wenn eine neue Beziehung ihren Anfang nahm, versuchte Frau P., die vergangenen Verhältnisse auszulöschen. Jetzt würde es gelingen, jetzt würde sie «vernünftig» leben. Eine neue Ehe, ein neues Kind, eine «ordentliche» Familie.

Ihren Eltern gegenüber verhielt sie sich, als hätte es nie etwas anderes gegeben. Die gescheiterten Beziehungen wurden nicht mehr erwähnt. Was vorher war, zählte nicht. So sollten auch die Kinder es halten, stolz und erhobenen Hauptes. Es sollte keinen Anlaß mehr geben, Frau P. und ihre Familie zu kritisieren.

Die P.'s – Leute mit Phantasie und Fähigkeiten im Konstruieren und Aufrechterhalten von Geschichten. Ihre Tochter übernahm diese Fähigkeiten, da sie zur Stabilisierung der Familie beizutragen schienen. Möglicherweise erschien es ihr hilfreich, sich Geschichten auszudenken. Eins allerdings fehlte ihr: Sie hatte nicht gelernt, zu unterscheiden, wann es hilfreich ist, Geschichten zu erfinden und wann nicht. Die angenehme Erfahrung, daß man Geschichten erzählen kann, ohne dafür den Zorn der Eltern auf sich zu ziehen, war ihr bisher nicht vergönnt.

Nachdem sich Frau P. auf diese Gedankengänge eingelassen hatte, überlegten wir, ob die Familie den Versuch wagen wolle, mit der neuen Geschichte zu leben, oder ob man lieber alles beim alten lassen wolle. Keine leichte Entscheidung, besonders mit Blick auf das Mädchen, das daran beteiligt werden sollte. Familie P. wollte darüber nachdenken.

Zur nächsten Sitzung kamen die Eltern allein. Frau P. erzählte, daß man inzwischen beschlossen habe: «So, wie unsere Familie ist, so ist sie in Ordnung. Der Vater ist Susannes Stiefvater. Na und? Wem das nicht paßt, der kann uns gestohlen bleiben, denn der nimmt uns nicht so, wie wir sind. Selbst wenn es sich dabei um die Großeltern handelt.»

Auch über ihre Erfindungen hatten die P.'s mit Susanne gesprochen. Sie waren sich darüber im klaren, daß Susanne sich nicht von heute auf morgen von einer Verhaltensweise verabschieden kann, die sie lange trainiert hatte. Es war ja durchaus eine Leistung des Kindes, sich in jeder Situation so zu verhalten, wie es der Geschichte entsprach, die die Mutter gerade entworfen hatte. Wahrscheinlich wurde darüber gesprochen, auch wenn Susanne dabei war. Als die Mutter im Beratungsgespräch die Situation der Familie schilderte, schien das keine plötzliche Eröffnung für Susanne zu sein, sondern eher das Signal: «Das sollst du wissen und in deine Welt einbauen.» Dem entsprach die Tochter dann. Und zwar ziemlich perfekt. Ein besonders begabtes Mädchen. Genaugenommen war Susanne es, die mit ihrer eskalierenden Verhaltensauffälligkeit den nötigen Druck erzeugte, so daß die P.'s Beratung suchten. Indem sie immer heftiger und öfter log, immer schwierigere Geschichten erfand, brachte sie die Familie dazu, sich mit ihrer Vergangenheit auseinanderzusetzen.

Als wir darüber nachdachten, auf welche Fähigkeiten die Eltern zurückgreifen könnten, wenn die Familie das Geheimnis lüftet, verhielt sich Herr P. konstruktiv. Er stellte alles zur Verfügung, was an Möglichkeiten zur Konfliktlösung in seiner Familie vorhanden war, quasi als Modell: Bei uns würde man dieses so machen und jenes so. Das tat er schonend und einfühlsam.

Für Frau P. war es wichtig, ihre eigene Geschichte Revue passieren zu lassen ohne Angst vor Zurechtweisung oder Abwertung. Als ihr klar wurde, weshalb es ihr so wichtig war, eine «ordentliche» Familie zu präsentieren, nämlich der Eltern wegen, konnte sie Abstand gewinnen. Dieser Abstand vergrößerte sich noch, denn beim Erarbeiten der Familienskizze stellte sich heraus, daß gerade ihre Herkunftsfamilie sich mehrfach neu zusammengesetzt hatte. Und jedesmal wurde die folgende Generation beauftragt: «Macht es besser als wir.» Ein Auftrag, der in Familien häufig weitergegeben wird, nicht immer zum Nutzen und Frommen derjenigen, die ihn erhalten. Hier hieß der Auftrag nun: die «ordentliche» Familie. Eine letztlich inhaltsleere Floskel gab die Regel ab, auf die alle verpflichtet wurden. Auch Susanne, die sie auf ihre Weise mit Inhalt füllte, mit ausgedachten Geschichten.

Ruths Geschichte
ODER
Ich gehe nicht,
wenn ich nicht weiß, wohin

Ruth, alleinerziehende Mutter eines Kindes im Alter von zwei Jahren, wollte herausfinden, ob die Entwicklungsstörung ihres Kindes etwas mit ihrer Familiengeschichte zu tun haben könnte. Ihr Sohn, ein Spastiker, war in krankengymnastischer Behandlung, denn er verweigerte es, sich aufzurichten. Er verweigerte einen Bewegungsschritt. Die Krankengymnastin meinte, eigentlich müßte das Kind längst soweit sein, und konnte sich nicht erklären, weshalb es sich nicht erhob.

Ruth berichtete, was sie tat, um ihrem Sohn die nächsten Schritte ins Leben schmackhaft zu machen. Wie sie ihn lockte, auf ihn einredete, ihn immer wieder hochzog, obwohl er sich jedes Mal fallen ließ. Sie war ganz verzweifelt, daß sie nichts bewirken konnte.

Während sie ihre Familiengeschichte erzählte, benutzte sie eine ungewöhnliche Redewendung. Immer wenn sie erwähnte, wie ihre eigene Mutter sie beriet, fiel der Terminus: «Deine Mutter würde jetzt sagen ...», als ob ihre Mutter von sich in der dritten Person spräche. Sonderbar und irgendwie unpassend.

Daß Ruths Mutter diese Redewendung benutzte, und nicht nur einmal aus Versehen, legte den Gedanken nahe: Vielleicht ist die Frau in Wirklichkeit gar nicht Ruths Mutter. Vielleicht soll ihre Formulierung die Botschaft vermitteln: «Ich bin deine Adoptivmutter, mit der du zusammenlebst, so lange du denken kannst. Es gibt da noch eine andere Mutter. Und die würde sagen ...»

Ähnliche Phänomene tauchen nicht selten in der Arbeit mit

Adoptionsfamilien auf, in denen alle Rollen doppelt besetzt sind. Ein adoptiertes Kind hat Eltern, die es in die Welt gesetzt haben und von denen es meist nichts weiß, und Eltern, die es betreuen und mit denen es zusammenlebt. Unser «normaler» Sprachgebrauch reicht nicht aus, um solche differenzierten Verhältnisse sachlich zu benennen. Wer möchte schon Stiefvater oder Stiefmutter heißen? Spätestens seit Grimms Märchen beschreiben diese Begriffe schlimme Eltern. Und Adoptivmutter klingt auch nicht viel besser, hat immer noch diesen negativen Beigeschmack und assoziiert Ämtergänge und Aktenstaub. Um der Kalamität zu entgehen, erfanden wir die Begriffe «soziale» und «biologische Mutter».

Aber zurück zu der Formulierung «Deine Mutter hätte ...» Die Eigenartigkeit dieser Wendung mußte für irgend etwas stehen. Also war es am naheliegendsten, Ruth zu fragen: «Kann es sein, daß deine Mutter deine soziale Mutter ist, daß sie dich in Pflege nahm?»

Ruth bestätigte, daß sie tatsächlich ein Adoptivkind sei, von klein auf in der Adoptivfamilie gelebt habe und ihre wirklichen Eltern nicht kenne. Aber sie wisse, daß es die Eltern gebe. Irgendwann nach ihrem zwölften Lebensjahr sei ihr das aufgegangen. Wie es eigentlich dazu kam, wisse sie nicht mehr. An Gespräche mit ihren Adoptiveltern über dieses Thema könne sie sich nicht erinnern. «Vielleicht habe ich es geträumt», sagte sie und lachte ein bißchen.

Die Frage nach ihren biologischen Eltern, erzählte sie weiter, sei ein schwieriges Problem für sie, auf das sie sich am liebsten gar nicht einlassen würde. «Wenn ich das tue», meinte sie, «dann muß ich meine Mutter, die immer sagt: ‹Deine Mutter hätte gesagt ...› – dann muß ich sie damit konfrontieren, daß sie nicht meine Mutter ist. Bestimmt ist das hart für sie, und sie wird denken, ich sage ihr damit: ‹Ich bin nicht dein Kind. Ich habe in Wirklichkeit andere Eltern. Und ich will jetzt endlich wissen: Wo ist eigentlich mein Ursprung?› Das bringe ich nicht fertig. Das ist doch irgendwie undankbar. Ich hatte es immer gut bei meinen Adoptiveltern, viel besser als manche Schulkameraden, die von ihren leiblichen Eltern Dresche bezogen, daß die Heide wackelte.»

Als Ruth an ihrer Familienskizze arbeitete, stellte sie selbst fest, daß es doch sinnvoll sein könnte, nach den eigenen Wurzeln zu forschen. Es leuchtete ihr ein, daß die Empfehlungen, die ein Mensch von den Altvorderen erhält, um seinem Problem näher zu treten, dann in doppelter Anzahl vorliegen: Die soziale Familie oder die soziale Mutter kann raten, in einer bestimmten Situation das und das zu tun. Aber die biologische Familie – Mutter und Vater, wenn es sie denn tatsächlich gibt – hätte vielleicht ganz andere Vorschläge in petto. Damit ergäbe sich eine größere Auswahl an Handlungsstrategien, ein breiterer Fundus, um daraus eigene Varianten zu kombinieren. Ganz abgesehen davon, daß Loyalitätsprobleme sich nicht so scharf stellen, wenn das Angebot größer ist. Handelt man wie der Vater, handelt man wie die Mutter? Entweder – oder? Wen verletzt man damit? Solche Probleme treten eher in den Hintergrund, wenn vier Angebote zur Verfügung stehen. Je mehr Ideen zu ein und derselben Geschichte gesammelt werden, desto vielfältiger sind die Möglichkeiten, sie zu erzählen und sie den aktuellen Lebensfragen anzupassen.

Gefragt, ob sie nicht neugierig wäre, woher sie stamme, aus welcher Gegend, von der Küste oder aus dem Gebirge, antwortete Ruth: «Natürlich bin ich neugierig. Und wahrscheinlich wäre es wirklich sinnvoll, mich darum zu kümmern. Aber trotzdem, das Thema ist mir zu brisant. Ich weiß nicht ...»

Wir empfahlen Ruth dennoch, ihre soziale Mutter bei einer passenden Gelegenheit zu fragen, ob sie etwas über ihre biologischen Eltern wisse und es ihr erzählen wolle.

Ruth fragte ihre Mutter tatsächlich, und die reagierte weder traurig noch böse, sondern war bereit, zu erzählen, was sie wußte. Sie wußte, daß Ruth nicht aus dem Norden Deutschlands stammt, sondern aus der Eifel. Und sie hielt es durchaus für möglich, daß Ruths biologische Eltern dort noch irgendwo leben. Kontakt zu den Leuten hatte sie zwar nie, aber sie kannte den Familiennamen.

Die Eifel, immerhin. Wie leben die Leute da? Was mag sie von den Norddeutschen unterscheiden? Wie ißt man dort, was trinkt man gern? Welche Geschichten, Sagen, Märchen werden erzählt? Und wie ist das Wetter? Regnet es in der Eifel auch so oft wie in Hamburg?

Ruth begann, sich für die Eifel zu interessieren. «Ich werde in der Bibliothek nachschauen, was es für Bücher gibt. Vielleicht haben sie ja sogar einen Video-Film über die Gegend. Mal sehen ...», sagte sie. Und nach kurzem Überlegen: «Das sollte ich schon meinem Kind zuliebe tun, wenn es später mal fragt. Dann kann ich ihm wenigstens etwas erzählen.»

Damals war Sommer, und von einem Tag zum andern entschied sich Ruth, Urlaub in der Eifel zu machen. Sie fuhr mit ihrem Kind auf einen Zeltplatz, und dort bot man einen Dia-Vortrag über die Gegend an – Land und Leute. Als sie die Bilder sah, fragte sie sich, in welcher Stadt sie wohl gelebt haben mag. Es kam ihr so vor, sie wußte selbst nicht, warum, als ob es in Gerolstein gewesen sein könnte.

Dann ging es Schlag auf Schlag. Ruth trieb ihre Forschungen voran. Sie fuhr nach Gerolstein, suchte das Einwohnermeldeamt und fragte nach der Familie. Der Beamte sah nach und sagte: «Ja, die Familie lebt hier, ganz in der Nähe.» Ruth wies sich aus, erklärte ihr Anliegen und bekam die Adresse. Sie fand die Straße, das Haus, klingelte und sagte der älteren Frau, die die Tür öffnete und sie freundlich anschaute: «Guten Tag. Ich bin Ruth, ein Adoptivkind, und ich suche meine Eltern. Ich halte es für möglich, daß Sie meine Mutter sind.» Die Frau nickte.

Das war ein Schock für Ruth. «Diese Frau», erzählte sie, «stand da in ihrer geblümten Bluse, kein bißchen erstaunt oder sauer. Als wäre es das Normalste auf der Welt, daß plötzlich jemand vor der Tür steht und sagt: ‹Ich bin deine Tochter.› Sie bat mich sogar herein. Aber das war mir in dem Moment zuviel. Ich mußte allein sein und die Sache erst mal verkraften.»

Ruth verabschiedete sich von der wiedergefundenen Mutter, eher verwirrt als froh, ihre Wurzeln entdeckt zu haben, und versprach, sich zu melden. Dann machte sie auf dem Absatz kehrt und ging. Sie hatte das Gefühl, daß die Frau ihr nachschaute, bis sie um die Ecke bog.

Als sie den Adoptiveltern davon erzählte, nicht ohne Sorge, wie die es aufnehmen würden, und mit der Beteuerung, daß sie nach wie vor ihre Bezugspersonen blieben, ergab sich ein gutes Gespräch, das Ruth die Gewißheit vermittelte, nicht illoyal gehandelt zu haben, sondern verstanden worden zu sein. Für sich hatte sie erfahren: «Es gibt noch andere Menschen, die etwas über mich wissen und mit denen ich Kontakt aufnehmen kann, wenn ich will.»

Sichtlich ging es ihr nicht darum, mit den biologischen Eltern so schnell wie möglich in eine Beziehung zu treten, wie sie landläufig in Familien üblich ist. Sie war froh darüber, nun auf eine für sie neue Familiengeschichte zurückgreifen und alle Informationen einholen zu können, die ihr fehlten, um zu sagen: «Ich bin ein kompletter Mensch. Ich weiß, woher ich stamme. Ich weiß, wer mich gemacht hat. Und ich weiß, von wo aus ich in den Norden gezogen bin.» Ruth hatte keine Eile.

Und nun kommt das neue Element der Geschichte: Das Kind erhob sich. In dem Moment, als seine Mutter beschloß, sich auf den Weg in die Eifel zu machen, richtete es sich auf. Und zwar von ganz allein.

Natürlich weiß niemand, was die Bewegung des Kindes tatsächlich auslöste. Aber: In Bewegung setzte sich das Kind, als die Mutter sich rührte und es wagte, nach ihren Wurzeln zu forschen.

Man könnte die Geschichte so deuten, daß das Kind seiner Mutter durch Verweigerung signalisierte: «Ich bewege mich nicht einen Zentimeter von der Stelle, bevor ich nicht weiß, woher wir kommen. Wenn du davon keine Ahnung hast, können wir auch nirgendwohin gehen.»

Interessant ist, daß Ruth, zu diesem Zeitpunkt intensiv mit sich selbst beschäftigt, dem Problem mit ihrem Kind weniger Aufmerksamkeit schenkte. Sie ließ es in Ruhe, denn sie war mit der Erweiterung ihres eigenen Spielraums, ihrer eigenen Lebenswelt befaßt.

Natürlich erwartete sie auch keine Wunder. Das Kind hat eine ernstliche Körperbehinderung, ist motorisch gehandicapt. Dennoch hätte es bei der Förderung und allen äußeren Umständen längst weiter sein müssen, als es war.

Viele Fachleute gehen davon aus: Wenn man etwas unternimmt, Hilfsangebote zur Verfügung stellt, dann muß Entwicklung folgen. Unbedingt. Man kennt die Ursache, kann die Wirkung beeinflussen, also wird man etwas erreichen. Stellt sich dennoch keine Verbesserung ein, sind alle ratlos.

Ein Stillstand, die anhaltende Stagnation von Entwicklung beweist in diesem Zusammenhang, daß man sich, bei aller Geduld, am Ende eben nicht darauf verlassen kann, durch bestimmte Interventionen bestimmte Ergebnisse zu erzielen. Man muß Vielfalt erlauben und Spielräume ausdehnen, also die Autonomie des einzelnen Menschen erweitern.

Die Entscheidung, den erwarteten Schritt oder einen anderen zu tun oder nicht, trifft jeder einzelne für sich. Und dem Beobachter erscheint es so, daß auch das Kind sie für sich traf. Ruths Kind könnte entschieden haben: «Ich bewege mich nicht. Auch wenn alle sich auf den Kopf stellen. Mir fehlt noch etwas. Etwas ganz Wichtiges.»

Als Ruth – ohne dabei an den Sohn zu denken – ihre Spielräume erweiterte, bekam auch das Kind mehr Raum, mehr Freiheit. Man muß bedenken: Kinder mit Behinderungen wie Down Syndrom, Autismus, minimale zerebrale Dysfunktion oder Spastik sind wie jeder Mensch in ihre familiären Traditionen eingebunden. Die Bedeutung und Macht dieser Traditionen werden oft nicht wahrgenommen oder gering geschätzt.

Unsere Hypothese war: Bevor man sich in Bewegung setzt, ist es hilfreich, zu wissen, woher man kommt. Woher stammen die Eltern? Was haben sie für eine Geschichte? Was kann man daraus für sich verwerten, als Unterstützung, Absicherung, wenn man sich in unbekanntes Gefilde begibt, wenn Anstrengungen bevorstehen, Hürden zu nehmen sind?

Ruths Ausgangsfrage war: «Wie kann ich meinem Kind helfen?» Als sie begann, sich mit ihrer Herkunft zu beschäftigen, stellten sich neue Fragen: «Kann ich meine Adoptiveltern damit konfrontieren, daß ich nach meinem Ursprung suche? Werden sie mir das nicht übelnehmen?» Ruth wollte Konflikte mit den sozialen Eltern auf jeden Fall vermeiden, weil sie die Menschen liebt und schätzt, die es ihr ermöglicht hatten, ein Leben zu führen, mit dem sie zufrieden war und ist.

Zuerst konzentrierte sich Ruth darauf, welche Möglichkeiten ihr die soziale Familie bereitstellt, um ihr Problem zu meistern. Sie besprach das mit den Eltern und sagte ihnen: «Das und das habe ich von euch gelernt, und es hat mir geholfen, es hat mich weitergebracht. Trotzdem habe ich noch Fragen, die ich klären muß. Den Wert eurer Erziehung und den der Familie, in der ich aufgewachsen bin, tastet das überhaupt nicht an.»

Was ihre sozialen Eltern anbelangt, so speist sich Ruths Herkunft aus zwei Kanälen: Die mütterliche Seite repräsentiert das Bildungsbürgertum. Etliche Vorfahren waren Lehrer. Die väterliche Seite entstammt proletarischem Milieu; körperlich harte Arbeit im Steinbruch prägte die Männer.

Beide Seiten boten Ruth brauchbare Perspektiven für die Bewältigung ihrer Lebenssituation: Wissensdurst und die Lust, etwas weiterzugeben; Bodenständigkeit und das Vermögen, sich nicht so leicht erschüttern zu lassen. Dieses Potential konnte sie auch nutzen, als sie die sozialen Eltern mit dem Wunsch konfrontierte, sich mit dem Teil ihrer Geschichte auseinanderzusetzen, der nicht in deren Familie gehört. Wenn sie sich eines Tages stark genug fühlt, den gerade eben hergestellten Kontakt zu ihren biologischen Eltern aufzunehmen und fortzusetzen, verfügt sie nicht mehr nur über zwei Familienstränge mit all ihren Traditionen und Lebensstrategien, sondern, rein rechnerisch, über die doppelte Anzahl.

Einmal ermutigt, erzählte Ruth, daß sie schon seit längerer Zeit eine gewisse Unruhe in sich verspürt habe, die sie als Drang deutete, nach ihren Wurzeln zu suchen. Dieser Drang sei allerdings durch den befürchteten Loyalitätskonflikt mit ihren sozialen Eltern gebremst worden. Nur gebremst, nicht verhindert, denn sie nahm die neue Deutung der Formulierung «Deine Mutter würde dir sagen …» sofort an, obwohl sie vorher nicht erwähnt hatte, daß Adoption zu ihrer Geschichte gehört. Zwar lag diese Deutung nahe, aber sie mußte nicht zutreffen, war nicht mehr als ein Angebot. Ruth hätte dieses Angebot ohne weiteres ablehnen können.

Hinzu kam: Wenn ein Kind wie Ruths Sohn deutlich macht, daß es sich nicht bewegen will, obwohl es dazu in der Lage sein müßte, hat das einen Sinn. Und den galt es zu finden.

Die Suche danach begann mit den Fragen: Was heißt es eigentlich, sich in Bewegung zu setzen? Und was passiert, wenn man dieses Thema auf die Familie überträgt? Diese Sicht konnte Ruth annehmen. Sie wußte, daß es etwas in ihrem Leben gibt, das noch unbearbeitet ist. Und alles Unbearbeitete bindet Energie.

Als Ruth sich Zugang zu ihrer biologischen Mutter verschaffte, indem sie nach Gerolstein fuhr, nachforschte und ihr dann tatsächlich begegnete, setzte sie sich in Bewegung, im wahrsten Sinne des Wortes. Nachdem sie das bewältigt hatte, kniete sie sich nicht etwa mit allen Kräften in diese für sie neue Welt. Sie schuf sich aber die Möglichkeit, Fragen, die nun entstehen können, zu bearbeiten, wenn es nötig ist. Häufig stellt sich dabei die Erfahrung ein, daß diese Möglichkeit entspannend wirkt. Ruth mußte nicht gleich alles klären. Sie hatte die fehlende Verbindung hergestellt; und das war es, worauf es ihr im Moment ankam. Mehr nicht.

Sozialarbeiter oder Erzieherinnen haben es immer mal wieder mit Kindern zu tun, bei denen Bewegung ein wichtiges Thema ist – seien es Koordinationsprobleme, Hyperaktivität oder Spastik. Es ist oft schwierig, mit den Eltern eine gemeinsame Strategie zu finden, wenn es um den Umgang mit Behinderungen oder Auffälligkeiten ihrer Kinder geht. Kein Wunder, denn die Eltern tragen schon ein gerüttelt Maß an Sorgen, Problemen und aufwendigen alltäglichen Verrichtungen auf ihren Schultern.

Um herauszufinden, in welcher Richtung am besten investiert werden sollte, macht es Sinn, zu fragen, was Bewegung für die Familie insgesamt bedeutet, was sie damit in anderen Lebenszusammenhängen verbindet. Das Thema «Bewegung» auf anderen als der belasteten Schiene zu diskutieren, schafft Spielräume und ist nicht von vornherein mit Blockaden verbunden. Mit der gleichen Fragestellung betritt man unbelasteteres Terrain und kann in diesem Kontext oft Lösungen finden, die übertragbar sind auf das belastete Terrain, auf das Problem.

Eltern, die in solchen Zusammenhängen Beratung suchen, haben meist schon alles Mögliche ausprobiert, und sie sind nicht mehr in der Lage, neue Lösungswege zu erfinden. Aus dieser Situation heraus suchen sie Angebote, um die Chance nicht zu vertun, doch noch eine Lösung zu finden. Sie sind also in der Regel motiviert und darüber hinaus auch erleichtert, wenn sich zeigt, daß sie im Gespräch einen neuen, vielleicht unbeschwerteren Weg einschlagen können und sich nicht schon wieder mit ihrem Kummer befassen müssen.

Auch das Thema «Adoption» ist so ein belastetes Terrain. Häufig erlebt man, daß Kinder, selbst wenn sie nicht wissen, daß sie adoptiert wurden, im pubertären Alter in Unruhe fallen. Eine mögliche Erklärung dafür könnte sein, daß ihnen gesagt wird: «Wir – die Adoptiveltern – sind deine Familie, und du sollst so werden, wie wir sind.» Gleichzeitig teilt ihnen die Umwelt etwas anderes mit. So ähnlich, wie es bei Ruth der Fall war: «Deine Mutter würde dir sagen ...» Adoptivkinder kriegen jede Menge indirekte Hinweise darauf, daß es noch etwas anderes gibt. Also beginnen sie, zu suchen, und intensivieren diese Bewegung, bis sie einen Anknüpfungspunkt, eine mögliche Erklärung für sich gefunden haben.

Wenn die sozialen Eltern diese Signale nicht verstehen, den Zugang zum anderen Teil der Familiengeschichte nicht ermöglichen, sondern ihn blockieren und an den installierten Geheimnissen festhalten, dann werden Kinder unruhig. Mit Notwendigkeit. Sie suchen etwas, das sie nicht finden können, weil sie gar nicht wissen, wonach sie suchen. Aber sie setzen sich in Bewegung. Lehrer beschweren sich dann: «Meine Güte, der Junge ist doch hochintelligent! Und plötzlich macht er nur Blödsinn. Wenn das so weitergeht, bleibt er sitzen.»

Wird der Zugang zu der unbeantworteten Frage ermöglicht,

wo der Ursprung seines Lebens liegt, dann kann ein Adoptivkind sich in Beziehung setzen zu seiner Geschichte. Und es wird das über kurz oder lang als erleichternd empfinden.

Zuerst kommt es oft zu einer Art Schock: «Oh, Gott! Ich bin adoptiert! Die Leute, bei denen ich lebe, sind überhaupt nicht meine Eltern. Ich habe keine Ahnung, woher ich stamme ...» Die nächste Frage: «Warum? Warum bin ich adoptiert worden? Wahrscheinlich bin ich überhaupt nicht liebenswert, sonst hätte meine Mutter mich doch behalten.» Schlimme und traurige Geschichten kommen dann nicht selten zutage. Geschichten, denen ein Adoptivkind nicht mehr entgegensetzen kann als die Feststellung: «Na, gut. Immerhin lebe ich. Meine Ursprungsfamilie hat mich zwar verlassen, aber sie hat wenigstens dafür gesorgt, daß ich nicht unter die Räder gekommen bin. Immerhin.»

Folgt man der Annahme, daß es eigentlich keine Mutter gibt, die ihr Kind nicht liebt, kann man nur schlußfolgern: Jede Mutter kann in eine Lebenssituation geraten, in der sie keinen anderen Ausweg findet, als das Kind wegzugeben, es außerhalb des eigenen Lebenskontexts sicherzustellen. Es gibt Mütter, die gleich nach der Entbindung sagen: «Jugendamt, sorge dafür, daß mein Kind in eine Pflegefamilie kommt.» Und es gibt Mütter, die es auf verschlungenen Pfaden einzurichten wissen, daß ihre Kinder an einer bestimmten Stelle gefunden werden. Diese Mütter handeln aus Verzweiflung. Sie können ihren Kindern nichts anderes bieten als die Sicherheit, entdeckt zu werden, und die Wahrscheinlichkeit, behütet aufzuwachsen.

Bekommt ein Adoptivkind die Chance, seine schockierende Geschichte mit anderen Augen zu sehen, sich zu sagen: «Meine Mutter hat mich trotz der schlimmen Situation, in der sie lebte, in Sicherheit gebracht», dann kann es die positiven Anteile dieser Mutter auch annehmen. Oft hört es aber: «Deine Mutter ist auf den Strich gegangen. Die wollte kein Kind, und sie hat dich einfach irgendwo abgestellt. Was für eine Rabenmutter!»

Viele Menschen meinen, man muß ein Kind davor schützen, zu erfahren, daß es von seinen Eltern nicht gewollt war, weil es diese schmerzliche Realität nicht aushält. Deshalb versuchen

Adoptiveltern so häufig, das Geheimnis der Herkunft zu hüten, und werden dabei auch von ihrem Umfeld unterstützt. So verständlich diese Handlungsweise ist, so wenig sinnvoll ist sie auf längere Sicht.

Wie man mit Geheimnissen oder schwierigen Themen umgeht, muß jede Familie für sich bestimmen. Fragt man Leute beispielsweise: «Wann erzählen Sie denn Ihren Kindern, wie Kinder entstehen?» sagen die einen: «Ach, das machen wir so nebenbei; das vertut sich im Alltag und ist bei uns kein Extrathema.» Andere sagen: «Frühestens mit zwölf Jahren dürfen Kinder wissen, was in der Sexualität abläuft. Dann ist das Thema in der Schule dran.» Worum es auch geht, in der Regel halten sich Familien an die Verfahrensweise, die schon in der vorangegangenen Generation praktiziert wurde, und unterscheiden nur selten, wo sie sich bewährt hat und wo nicht, warum sie sich bewährt hat und warum nicht.

Quälen Menschen sich mit Familiengeheimnissen, ist es hilfreich – und der Respekt gebietet es –, ihnen die Entscheidung zu überlassen, das Geheimnis zu beleuchten. Aber man kann mit ihnen darüber sprechen, welchen Effekt sie erzielen können, wenn sie das Geheimnis lüften. Ein möglicher Effekt: Sie nehmen Vielfalt wahr, Vielfalt an Strategien und Handlungsweisen in der Familie. Und Vielfalt bietet immer ein größeres Lösungsrepertoire für aktuelle Probleme. Das ist die konstruktive Variante des Öffnens.

Ein Beispiel: Eltern melden ihren Sprößling im Kindergarten an und informieren die Erzieherin: «Damit Sie Bescheid wissen – wir haben unser Kind adoptiert. Aber das Kind weiß es nicht, und wir bitten auch Sie, darüber Stillschweigen zu bewahren.» Eine komplizierte Situation für die Erzieherin, die unversehens zur Mitwisserin gemacht wurde, zu einer geheimen Kontrollinstanz sogar. Da sie nun weiß, daß die Familie ein Kind adoptiert hat, wird sie, ob sie will, oder nicht, indirekt signalisieren: «Adoption.» Das Kind fängt diese Signale früher oder später auf und wird unruhig. Was tun?

Auf jeden Fall sollte die Erzieherin mit den Eltern einen Kontakt herstellen, der es ermöglicht, mit ihnen darüber zu reden, daß die Bewahrung des Geheimnisses auf die Dauer eher destruktive Auswirkungen hat. Viele aktuelle Probleme in Familien entstehen vor dem Hintergrund solcher Geheimnisse, mit deren Installation Lebensstrategien entwickelt wurden, deren Sinn nur die Installateure begreifen. Alle nachfolgenden Generationen nicht. Dennoch nutzen sie diese Lebensstrategien und geraten in Bedrängnis, wenn sie in anderen Lebenssituationen und bei anderen Anforderungen nicht funktionieren, sich als hinderlich erweisen. Sie spüren: «Da ist etwas. Da klemmt etwas und versperrt mir den Weg.»

Kinder haben besonders feine Antennen für solche Zusammenhänge. Irgendwann signalisieren sie: «Ich bin bereit, zu wissen, was ihr verbergt.» Äußere Zeichen wie Unruhe weisen darauf hin. Wenn die Eltern solche Signale richtig deuten und ihrerseits bereit sind, das Geheimnis zu lüften, geht es meist gut.

Im übrigen gehen Kinder – das besagt die Erfahrung – so schonend wie Ruth mit ihren sozialen Eltern um, weil sie sie nicht verletzen wollen. Vorausgesetzt, es sind gute Eltern. Ist das nicht der Fall, ergibt sich irgendwann folgender Dialog, indirekt oder drastisch direkt: «Wie das Kind sich benimmt! Von uns hat es das nicht.» Antwort: «Ihr habt mir gar nichts zu sagen! Ihr seid nicht meine Eltern!» Das ist die destruktive Variante des Öffnens.

Interessanterweise präsentiert Ruths Geschichte den umgekehrten Fall. Nicht die Tochter signalisierte: «Irgend etwas verbergt ihr, und ich will es wissen.» Sondern die Adoptivmutter setzte das Zeichen, und zwar immer wieder: «Deine Mutter hätte …» Fast wie ein Hinweisschild: «Mädchen, frag mich endlich …» Vielleicht wollte sie herausfinden, wann Ruth soweit ist, das Angebot zu erkennen und wahrzunehmen.

Wie auch immer. Ruths Mutter tat damit etwas ganz Wichtiges. Sie gestand der Adoptivtochter Autonomie zu und vertraute darauf, daß Ruth entscheiden würde, wann sie bereit ist für die Information. Bis zu diesem Zeitpunkt wiederholte die Mutter geduldig ihr Angebot.

Die Tochter hingegen – immerhin wußte sie Bescheid seit ihrem zwölften Lebensjahr – folgte dem Loyalitätsprinzip und sagte sich: «Ich taste diese Sache lieber nicht an. Noch nicht.» Deshalb deutete sie die Formulierung für sich als wunderliche Floskel. Erst als von außen eine andere, nämlich die eigentliche Bedeutung angeboten wurde, ging Ruth auf das Angebot ein, anfangs zwar furchtsam, aber letztlich doch konsequent.

So etwas läßt sich nicht vorhersagen. Alle Systeme, auch Familiensysteme, sind komplex und in sich geschlossen. Von außen kann man nichts erkennen. Man kann allenfalls mutmaßen.

In Familien existieren sichtbare wie unsichtbare Bindungen, die immer wieder ein Sich-aufeinander-Beziehen erfordern. Das Kind muß sich auf die Mutter beziehen und die Mutter auf das Kind. In Ruths Geschichte war es zuerst die Leistung der Mutter, die Bewegung ermöglichte, auch wenn diese Bewegung lange Zeit nicht eintrat. Sie hatte genug Boden unter den Füßen, um Ruth fest an die Hand zu nehmen, damit in dem Mädchen ein Gefühl von Sicherheit wächst. Dieses Gefühl wurde so groß, daß es Ruth Loyalitätsprobleme verursachte. Hätte Ruths Mutter frei schwebend, bindungslos gelebt, hätte sie nicht diese Stärke besessen – es wäre fatal für Ruth gewesen.

Ganz anders war es bei Ruths Kind. Vielleicht spürte es die Unsicherheit seiner Mutter, den Klärungsbedarf. Vielleicht entschied es deshalb für sich: «Ich bewege mich lieber noch nicht. Das ist mir alles zu ungewiß. Erst mal soll meine Mutter sich bewegen. Dann werde ich schon sehen ...» Solche Signale von Kindern lassen sich in der Familienberatung auch folgendermaßen deuten: «Tut mal was für euch, liebe Eltern.» Wenn sie das recht verstehen, sind Eltern auch bereit, ihre Entwicklungsschritte zu gehen.

Dennoch: Ruths Geschichte hat etwas Mystisches, ohne Zweifel. Als sie es wagte, sich auf Wege zu begeben, die sie vorher nicht betreten hatte, riefen ihre Schritte Veränderungen im Gesamtsystem Familie hervor. Und am Ende bewegte sich auch das Kind. Man kann es nicht ganz und gar erklären. Was macht das schon?

Das systemische Denken verzichtet auf Modelle, die einen Zusammenhang erklären wollen, beispielsweise zwischen Ruths Adoption, ihren sozialen Eltern, ihrer Ursprungsfamilie und der Bewegung des behinderten Kindes. Es setzt nicht auf lückenlose Beweisführung, denn es geht davon aus, daß soziale Prozesse chaotische Prozesse sind, die ihren individuellen Gesetzmäßigkeiten folgen.

Systeme entwickeln sich über lange Zeit nach bestimmten Gesetzmäßigkeiten. Irgendwann kommt aber der Punkt, an dem nicht mehr erklärbar ist, warum sich etwas verändert. Folgt man diesem Gedanken, kann man nur versuchen, zu handeln in der Gewißheit, daß man an Punkte kommt, die man nicht erklären kann. Das heißt, man muß anerkennen, daß man nicht allmächtig ist, sondern nur behutsam, sparsam und genügsam sein Konzept, seine Ideen oder Vorschläge anbieten kann. Mehr nicht. Folgt man der Chaostheorie, daß Systeme sich an bestimmten Punkten chaotisch entwickeln und keine für uns erkennbaren Gesetzmäßigkeiten mehr gelten, kein Naturgesetz und kein gesellschaftliches Verdikt, dann wird man zunehmend bescheidener.

Die Chaostheorie entstand unter anderem aus der Wettervorhersage. Alle Menschen auf dieser Erde sind sich einig, daß das Wetter nicht vorhersagbar ist. Zwar gibt es Meteorologen, die so präzise arbeiten, daß ihre Vorhersagen oft zutreffen. Aber keiner sagt: «Wir können es.» Und wir? Wir sollten soziale Prozesse hundertprozentig voraussagen können? Was für eine Anmaßung.

Alle Geschichten, die wir hier erzählen, haben etwas damit zu tun, daß Entwicklung stagniert. Jede Störung hat im Grunde genommen etwas damit zu tun, daß im Moment keine Weiterentwicklung möglich ist. Unser Auftrag ist es dann, Entwicklung wieder in Gang zu setzen, herauszufinden, weshalb ein Prozeß stagniert, welche Hindernisse es gibt. Ein Kollege beschrieb diesen Zusammenhang einmal so: «Entwicklung ist wie ein Baumstamm, der in einem Fluß schwimmt. Plötzlich krümmt sich der Fluß, und der Baumstamm legt sich quer. Nun geht es nicht etwa darum, den Fluß zu begradigen oder den Baumstamm an Land zu ziehen. Nein, man muß den Baumstamm nur ein klein wenig anstoßen, so daß er sich in Fahrtrichtung begibt und weiter treiben kann. Vielleicht hängt er an der nächsten Biegung wieder fest. Das kann sein. Aber man darf ihn nicht aus dem Wasser nehmen, solange er das selbst nicht möchte.»

Heikos Geschichte
ODER
Der Zwang zur Integration

Seit einiger Zeit merkte Heiko, daß es ihn zunehmend belastet, ständig für Harmonie und Zusammenhalt sorgen zu müssen, in der Familie, im Freundeskreis und selbst auf seiner Arbeitsstelle. Er wollte diese Last loswerden. Anlaß seiner Bitte um Hilfe war die bevorstehende Taufe seiner Tochter. Bei dem Gedanken, auch seine Schwester Maike einladen zu müssen, fühlte er sich nicht wohl. Sollte er sie auf diese Weise in seine kleine Familie integrieren? Oder sollte er seinem Gefühl nachgeben und es lassen? Was hinderte ihn eigentlich, konsequent das zu tun, wonach ihm war? Eine Antwort auf diese letzte Frage, so hoffte Heiko, würde ihm helfen, den Ursachen für seinen «Integrations-Zwang» näherzurücken.

Heiko hat zwei Schwestern, Maike und Silke, die als Zwillinge geboren wurden. Während er sich mit Silke zeit seines Lebens gut verstand und sie gebeten hatte, Taufpatin seiner Tochter zu sein, war sein Verhältnis zu Maike distanziert. Nicht, daß er sie ablehnte oder sie als garstige Person empfand – er wußte sie aber lieber in der Ferne und hatte das Gefühl, er könne es dermaleinst bereuen, ließe er sie zu dicht an sich heran. Vielleicht befürchtete er auch, Maike nähme es übel, ihrerseits nicht als Patin vorgesehen zu sein.

Wie auch immer, sein Konflikt – ein neuerlicher Ausdruck seines Integrationsproblems – raubte ihm Kraft, und er hatte es satt, sich für den Zusammenhalt der Familie verantwortlich zu fühlen, Rücksicht zu nehmen. Er wollte es endlich lernen, «aus dem Bauch heraus» das zu tun, wonach ihm der Sinn stand, wollte sich mehr Entscheidungsfreiheit zugestehen. Jemanden einladen, der ihn nervt, nur weil er zur Familie gehört? Nein. Jemanden nicht einladen und den Familienfrieden riskieren? Nein. Aber was dann?

Heiko, 45 Jahre alt, kam in Oberhausen zur Welt, als erstes Kind von Christa und Horst. In Oberhausen ging Heiko zur Schule, erlernte den Beruf des Werkstoffprüfers und begab sich danach auf den zweiten Bildungsweg. Er wurde Sozialarbeiter und fand eine Arbeitsstelle in Hamburg. In seinem beruflichen Leben, erzählte Heiko, setzte er sich immer mit «Haltbarkeitsfragen» auseinander. Zunächst im Bereich der Technik, wo er zu prüfen hatte, wie haltbar verschiedene Materialien sind. Die Metapher der Haltbarkeit begleitet ihn auch in seiner Tätigkeit als Sozialarbeiter. Er beschäftigt sich damit, wie haltbar soziale Gruppen, Familien, Beziehungen sind, wo die Grenzen der Haltbarkeit liegen und was man tun kann, wenn man sie erreicht.

«Um herauszufinden, wie haltbar ein Material ist», erklärte Heiko, «mußte ich es als Werkstoffprüfer zerstören. Das tat mir manchmal richtig weh, es war so destruktiv. Sicherlich war das ein Grund, weshalb ich mich später in einen Bereich begab, in dem ich auf konstruktive Weise mit Haltbarkeit beschäftigt bin.»

Heiko beschrieb sich als einen Menschen, der Nähe mag und sucht. Seine Zwillingsschwestern Maike und Silke sind neun Jahre jünger als er. Maike verdient ihr Geld in der Verwaltung und wohnt mit ihrem Mann in Kiel. Immer schon hielt sie auf Distanz zur Familie und lebt gut damit. Silke, die zweite Schwester, arbeitet in einer Behörde. Mit ihr teilt Heiko den Sinn für Nähe in sozialen Beziehungen.

An dieser Stelle des Gesprächs rückte eine neue Frage in den Vordergrund: Wie geht man in Heikos Familie mit Nähe und Distanz um? Ein Blick auf die Generationen der Eltern und Großeltern sollte Aufschluß über ihre Strategien in dieser Frage bringen.

Heikos Vater Horst, 69 Jahre alt, arbeitete im Bergbau als Schießmeister. Auch ein Beruf, der etwas mit Zerstörung zu tun hat, fiel Heiko auf. Ein Schießmeister bringt Sprengladungen unter Tage an und muß sie zum richtigen Zeitpunkt zünden, um den Stollen voranzutreiben.

Heiko schildert seinen Vater als einen Menschen, der seine Arbeit achtsam verrichtete und höllisch aufpaßte, daß niemand zu Schaden kam. Darüber hinaus beschrieb er ihn als kontaktfreudigen, geselligen Mann: «Drei Tage Urlaub in Österreich, schon kennt er zig Leute und verabredet alles mögliche mit ihnen. Trotzdem hält er gewisse Grenzen ein, meidet heikle Themen und pflegt seine Kontakte, ohne jemandem zu nahezutreten.» Ein Mensch also, der die Fähigkeit hat, Distanz und Nähe in Beziehungen zu regeln.

Vater Horst hatte einen Bruder, Hermann, der im Alter von drei Monaten starb. Ob Hermann ein leiblicher oder ein Halbbruder war, wußte Heiko nicht, denn sein Großvater Heinrich war zweimal verheiratet gewesen. Heinrich und Elisabeth, den Eltern von Horst, war kein langes Eheleben beschieden. Noch vor ihrem dreißigsten Jahr starb Elisabeth, eine schöne, schlanke Frau, an einer banalen Infektion, die normalerweise niemanden umbringt. Nach ihrem Tod sorgte ihr Vater dafür, daß ihre Schwester Bernhardine die zweite Frau von Heinrich wurde. Bernhardine sollte versorgt werden, denn sie war noch ledig. Und Heinrich, plötzlich mit seinem Sohn Horst allein, brauchte eine Frau, die sich um Haushalt und Kind kümmerte. Ob der Hermann aus der ersten oder zweiten Ehe stammte, wer weiß?

Heiko durchforschte sein Gedächtnis nach Informationen über die Herkunft seiner Großmutter Elisabeth, der früh Verstorbenen. Ihre Familie trug einen fremden Namen, war irgendwann aus Holland eingewandert, und Heiko vermutete einen jüdischen Anteil in der Familie. Von den Mitgliedern dieser Familie wußte er, daß sie lockere Beziehungen pflegten, sich von Zeit zu Zeit trafen, wie es sich ergab, mal mit diesem, mal mit jenem – ein weitverzweigter Clan, der sich dennoch nicht aus den Augen verlor. Die Distanz, in der die Familienmitglieder lebten, beschrieb Heiko als gelassene Gewißheit der Zusammengehörigkeit.

Auf die Frage, was Elisabeth ihm empfehlen würde, wenn er

sie um Rat bäte, meinte Heiko: «Elisabeth würde sagen, ich soll diejenigen zur Taufe bitten, die mir wichtig sind. Maike wird schon damit fertig werden, nicht dabeizusein. Kommt sie jedoch von sich aus, dann würde Elisabeth sagen: ‹Setz dich und stoß mit uns an.›» Elisabeths Gelassenheit, ihr geradezu spielerischer Umgang mit Distanz und Nähe in der Familie, boten Heiko eine Verhaltensvariante, die er bis dato nicht zur Kenntnis genommen hatte.

Elisabeths Mann, der Großvater Heinrich, wurde 65 Jahre alt. Wie sein Sohn arbeitete auch er als Schießmeister, begründete quasi die Tradition des Umgangs mit den Gewalten unter Tage. Er starb an einem Bergmannsleiden.

Als Familienoberhaupt hatte der Großvater entschieden, Heiko zur Abtreibung vorzusehen, weil er unehelich gezeugt worden war. Heikos Mutter Christa war 16 Jahre alt, als sie sich mit dem neun Jahre älteren Horst zusammentat.

Den Gedanken, daß ein nahes Familienmitglied ihm sein Lebensrecht hatte verweigern wollen, ertrug Heiko lange Zeit nur schwer. Dennoch hatte dieser knallharte Großvater auch angenehme Seiten, erinnerte sich Heiko. Zum Vergnügen der Familie spielte er den berühmten Clown Grog, führte Kunststücke vor und wurde von den Enkeln bewundert.

Was Familienzusammenhalt und Integration anbelangt, entwarf Heiko ein anderes Szenario als das der Familie Elisabeths. Auf der Seite Heinrichs hielt man zusammen, vor allem, um Bedrohungen abzuwenden. Als eine Schwester Heinrichs unehelich schwanger wurde, entschied die Familie, was zu geschehen habe: Abtreibung. Auf engstem Raum, im Familienzirkel, suchte und fand man Regelungen für alle Lebenslagen, denn man lebte in unmittelbarer Nachbarschaft. Die Nähe bot Sicherheit.

Auf die Frage, was Heinrich ihm empfehlen würde, war Heiko sich gewiß: «Maike würde er nicht einladen, denn sie wohnt in Kiel und ist weit vom Schuß. Heinrich stieß Leute aus Elisabeths Familie von der Türschwelle, erschienen sie im unpassenden Moment. Wenn ihm ihre Nasen nicht gefielen, jagte er sie vom Hof. Mir würde er sagen, daß ich meine Familie zusammenhalten und gut auf sie aufpassen soll. Meine Frau und meine Tochter – das ist die Familie, das Zentrum, würde er sagen. Die andere Mischpoke drumherum kann mir egal sein.»

Als Heinrichs Schwester schwanger wurde, in der Nazizeit, hatte sie keinen Mann. Sie wäre eine alleinerziehende Mutter gewesen, der Nazi-‹Fürsorge› ausgesetzt, die solche Frauen als Huren diffamierte und ihnen die Kinder wegnahm. Deshalb beschloß die Familie die Abtreibung, und Heinrich veranlaßte seinen Vater, der Schwester das Haus der Familie zu vermachen, um sie sozial abzusichern, obwohl das Haus schon auf seinen Namen überschrieben war. Später, als es der Schwester besser ging, wurde dieser Akt rückgängig gemacht.

«Heinrich unternahm etliche solcher Sicherungsaktionen», erinnerte sich Heiko. «Im II. Weltkrieg sollte er zu den Soldaten eingezogen werden. Er stellte sich krank und sagte, er sei gelähmt, weil er nicht in den Krieg wollte, auf Gedeih und Verderb. Das hielt er eisern durch, obwohl die SS ihn verhörte und verprügelte, während seine Frau danebenstand. Solche Dramen fanden statt, und die Familie mußte immer klare Grenzen setzen, um sie durchzustehen und ihre Mitglieder zu schützen.»

Am Ende des Gesprächs stellte Heiko fest, daß er die Familie seiner Großmutter Elisabeth in einem anderen Licht sah als vorher, im Lichte der in sich ruhenden Gewißheit, die keines hohen Energieaufwands bedurfte. Diese Sicht betrachtete Heiko als Gewinn, weil sie den Blickwinkel auf seine eigene Person veränderte, indem sie ihn verstörte. Er erkannte, daß Elisabeths Familie ihm Gelassenheit signalisierte, besann sich auf den Anlaß seiner Fragestellung, die Taufe seiner Tochter, und sagte: «Ich habe bestimmte Vorstellungen über das Fest und darüber, wen ich einladen möchte. Diesen Vorstellungen gehe ich nach. Damit grenze ich niemanden aus, jage niemanden weg von mir. Die Stabilität der Familie wird nicht berührt, es geht allein um ein schönes und harmonisches Fest.»

Die zweite großelterliche Seite, die des Heinrich, brachte keine neuen Aspekte; an Heikos Sicht auf diese Familie hatte sich nichts geändert. Aber die Metapher der Haltbarkeit beschäftigte ihn noch, und er beschloß, darüber nachzudenken, was Haltbarkeit für seine Familie bedeutet, wieviel Integration tatsächlich nötig ist, um für Stabilität zu sorgen. «Ich bin ja nicht der einzige Verantwortliche dafür», erkannte Heiko, «ich kann das auf mehrere Schultern verteilen.»

Ein Disput mit seiner Schwester Silke, die seinen Entschluß, Maike nicht einzuladen, kritisierte, verunsicherte Heiko nicht. Er ließ Silke wissen: «Wenn es dir Sorgen macht, daß ich dich als Patin möchte und Maike nicht, ist das deine Sache, aber ich kann es akzeptieren. Im schlimmsten Falle trittst du als Patin zurück. Allerdings veranlaßt mich das nicht, meinen Entschluß zu ändern, denn ich stoße Maike damit nicht aus der Familie. Das sind zwei völlig verschiedene Sachen, der Familienzusammenhalt und die Taufe meiner Tochter.»

Im zweiten Gespräch berichtete Heiko, daß er den Disput mit Silke gelassen führen konnte, wozu er vor der Beratung nicht imstande gewesen wäre. Auch wenn die Familie nicht vollzählig zur Taufe erscheine, bleibe sie eine Familie. Diese Gewißheit hatte Heiko gewonnen. Wodurch?

«Das hat damit zu tun, daß ich Elisabeths Familie bisher immer aus Heinrichs Blickwinkel sah», erzählte Heiko. «Heinrich war wohl nicht besonders glücklich damit, daß ihm der Schwiegervater nach Elisabeths Tod die Bernhardine aufschwatzte. Der Frust darüber zog sich durch die ganze Familiengeschichte, und ich sah sie immer durch diese Brille, konnte die Stärke von Elisabeth und ihren Leuten nicht erkennen, die sich trotz aller Sanktionen Heinrichs trafen und zusammenhielten auf ihre lockere Weise.

Elisabeth, meine eigentliche Großmutter, die Mutter meines Vaters, kannte ich nicht. Also machte ich mir die Sicht Heinrichs zu eigen. Nach unserem Gespräch nahm ich Elisabeth und ihren Clan erstmals unverstellt wahr.»

Dem jüdischen Anteil in Elisabeths Familie war Heiko in der Zwischenzeit nachgegangen, denn er vermutete hier eine Wurzel der gelassenen Gewißheit, die ihm gefiel. Heiko erfuhr von einer Urkunde, die die Namensänderung der Familie dokumentiert, eine kleine Änderung der Schreibweise nur, die jedoch eine andere Identität herstellte. «Ich könnte mir vorstellen, daß der lose Verbund über große Distanz Sicherheit bot», mutmaßte Heiko, «weshalb Elisabeths Familie beschloß: Wir schützen uns am besten, indem wir uns dezentralisieren. Heinrichs Familie entwickelte genau die gegenteilige Strategie: Wir zentralisieren uns, wir bilden eine Einheit, und damit schützen wir uns am besten.»

Im zweiten Gespräch beschäftigte sich Heiko mit der Familie seiner Mutter Christa. Seine Fragestellung lautete immer noch: «Woher kommt mein Wunsch, andere zu integrieren? Wie kann ich mir mehr Handlungsspielräume verschaffen und Druck abbauen?» Gleich zu Beginn sagte Heiko: «Auf der Seite meiner Mutter spüre ich den internen Auftrag am deutlichsten: Halte die Familie zusammen.»

In ihrer Familie ist Christa diejenige, die alles erledigt, was mit Geld oder Verträgen zusammenhängt. Für die gelernte Buchhalterin war das nie ein Problem. Als Christa und Horst ein Haus bauten, regelte sie die Kreditabschreibungen und setzte die Mieten fest. Ihr Organisationstalent ist fast schon Legende. Sie erbte es von ihrer Mutter Elfriede, die es wiederum auf ihre Mutter zurückführte.

Auf die Frage nach Nähe und Distanz in Christas Familie erklärte Heiko: «Für meine Mutter ist Nähe wichtig. Sie will alle bei sich haben und kann nicht gut damit leben, daß Maike und ich weit von ihr entfernt wohnen. Viel Mühe verwandte sie darauf, wenigstens Silke in der Nachbarschaft zu behalten. Weihnachten verbringen wir abwechselnd bei meinen Eltern und bei den Eltern meiner Frau. Sind wir bei den Schwiegereltern, hat Mutter daran zu knacken.»

Christas Bedürfnis nach Nähe und Zusammenhalt erstreckte sich aber nur auf die Kernfamilie – Mutter, Vater, Kinder. Tanten und Kusinen, die früher einbezogen waren, wurden irgendwann distanzierter behandelt und eines Tages überhaupt nicht mehr bedacht.

Mit 16 Jahren wurde Christa schwanger und konnte die Schule nicht beenden. Der Direktor bestand darauf, sie zu relegieren, und Christas Mutter stimmte zu. Auch vor der Nachbarschaft wurde die Schwangerschaft geheimgehalten. Christa mußte sich zu Hause verstecken, als ihr Bauch sich rundete. Im Gegensatz zu Heinrich aus der väterlichen Familie entschied Elfriede, Christas Mutter: «Eine Abtreibung kommt nicht in Frage. Das mit dem Kind regeln wir unter uns.»

Nach seiner Geburt kam Heiko zu einer Schwester seiner Großmutter. Bei dieser Tante lebte er zwei Jahre, so lange, bis Christa 18 Jahre alt war und heiraten konnte. Danach erst durfte sie ihr Kind zu sich nehmen, obwohl sie zuvor immer wieder versucht hatte, die Familie umzustimmen.

Lange Zeit quälte Heiko der Gedanke: «Wollte sie mich wirklich haben? Oder gab sie mich ganz gern weg?» Letztlich entschied er sich, der Mutter zu glauben, daß sie um ihn gekämpft hatte.

Die Tante, bei der Heiko lebte, wohnte in der Nachbarstadt, 15 Kilometer entfernt, was in den fünfziger Jahren kein Katzensprung, sondern ein weiter Weg war. Die Schulferien verbrachte er auch später häufig noch dort, denn er fühlte sich wohl bei der Tante. Seine Mutter, schimpfte sie mit ihm, erschreckte er mit der Drohung: «Dann kaufe ich mir eben einen Fahrschein und fahre zur Tante.» Ein Trumpf-As, das er aus dem Ärmel zog, wenn er sich gegen die Erwachsenen wehren wollte, die er oft nicht verstand. Er erzählte: «Bei den Großeltern durften mein Vater und meine Mutter nicht zusammen auf dem Sofa sitzen und Händchen halten, obwohl sie mich schon hatten. Aber meine Mutter wollte sich damit nicht abfinden. Sie brach nicht aus, revoltierte nicht, sondern hatte eine sanfte, aber beständige Art und Weise, immer wieder zu fragen, zu bitten, nicht lockerzulassen.»

Nach der Hochzeit, als Heikos Eltern ihn zu sich holen wollten, sträubten sich Tante und Onkel, den Jungen herzugeben, denn sie hatten ihn liebgewonnen. Kein seltener Fall in Pflegefamilien, die sich plötzlich von ihrem Schützling trennen sollen. Auch das Jugendamt und die Verwandtschaft mußten überzeugt werden, daß Heiko bei seiner jungen Mutter gut aufgehoben wäre.

In der Zeit dieser Kämpfe absolvierte Christa, die eigentlich selbst noch ein Kind war und Zuspruch gebraucht hätte, die Buchhalterlehre und schloß sie ab. Sie entwickelte Strategien im Umgang mit den verschiedenen Menschen ihrer näheren und weiterer Umgebung, orientierte sich in einem Wust verschiedener Anforderungen und eroberte ihr Kind zurück. «Damals», sagte Heiko, «wurde meine Mutter eine begabte Strategin. Wer sie als Gegnerin hat, hat es auch heute nicht leicht. Und meine Fähigkeit, mich in differenzierten Systemen differenziert zu verhalten, die mir bei meiner Tätigkeit als Sozialarbeiter sehr nützlich ist, verdanke ich ihr.»

Ihr Organisationstalent führte Christa auf ihre Mutter zurück. Wie hatte diese Frau gelebt? Wer war ihr Mann? Welche Fähigkeiten zeichneten beide aus?

Christas Vater Josef, um die Jahrhundertwende geboren, war Hufschmied und ein engagierter Katholik, Mitglied des Kolping-Bundes, eines Männervereins, der seine Wurzeln in der katholischen Arbeiterbewegung hatte.

Eines Tages konvertierte Josef – ein Akt, der sich in Heikos Familie wiederholen sollte. «Auch mein Vater wechselte den Glauben, und zwar, als meine Schwestern getauft wurden. Der Pastor meinte, es wäre praktischer, wenn er evangelisch sei. Und Horst, der ehemalige Meßdiener, trat über. Der Schritt bereitete ihm wenig Kopfzerbrechen, denn seine Familie hielt still.

Anders war es bei Josef. Der verließ seinen Glauben, als meine Mutter getauft wurde, und das blieb nicht ohne Folgen. Seine Familie, seit Generationen katholisch, verstieß ihn und schwor der Sippe seiner Frau, diesen elenden Evangelen, die ihn verführt hatten, ewige Feindschaft.

Nun wird meine Tochter getauft. Aber konvertieren muß ich nicht, denn ich bin nicht in der Kirche. Dafür habe ich andere Sorgen», lachte Heiko.

Josefs Tochter Christa konnte noch nicht laufen, da zog er für Volk und Vaterland ins Feld. In einem Soldatenurlaub zeugte er sein zweites Kind, Walpurga. Nach der Kesselschlacht bei Orel vermißte man ihn, und als er auch Jahre später nicht auftauchte, wurde er für tot erklärt. Noch bis Ende der fünfziger Jahre hörte seine Frau die Nachrichten vom Roten Kreuz, aber Josef war unter den Genannten nicht.

Was bewog den katholischen Hufschmied, den Glauben seiner Familie aufzugeben? «Er war verknallt bis über beide Ohren», meinte Heiko. «Die Elfriede, meine Großmutter, war nämlich ein heißer Feger. Das sieht man selbst auf den alten Fotos noch. Und er war auch nicht ohne. Die beiden liebten sich. Zwar war der Beziehung keine Dauer beschieden, aber solange sie währte, muß sie heftig gewesen sein.»

Der Glaubenswechsel, läßt sich vermuten, war Josefs Beitrag zur Stabilisierung seiner Beziehung. Und er zahlte einen hohen Preis dafür. Sein Schwiegersohn Horst kam gelinder davon. Dessen Familie nahm ihm den Schritt nicht übel. Und Heiko? Heiko hatte keinen Glauben, den er aufgeben konnte seiner Frau zuliebe. Aber er hatte einen Namen. «Als ich heiratete, opferte ich meinen Namen. Unser Familienname ist der meiner Frau. So heißt auch unsere Tochter.

Diese Tradition in meiner Familie, der auch ich folgte, wird mir erst jetzt bewußt. Ich hatte vorher nie darüber nachgedacht. Verrückt, wie sich das wiederholt in jeder Generation.»

Noch eine weitere Gemeinsamkeit mit Josefs Familie entdeckte Heiko: die Integrationskraft einer Idee und die Enttäuschung, wenn jemand sie aufgibt, eine Enttäuschung, die Beziehungen aufs Spiel setzt. «Irgendwann kommt auch bei mir der Punkt, an dem ich eine klare Grenze ziehe. So ähnlich wie Josefs Familie, die gesagt hat: ‹Entweder gehst du zu den Protestanten, oder du bleibst bei uns. Aber wenn du gehst, dann für immer.› Ich weiß, daß ich auch so bin. Meine Grenze ist weit gesteckt, doch wenn sie erreicht ist, kippt alles um und ist zu Ende. Zwar ist mir das nicht oft passiert. Aber wenn, dann drastisch. Übrigens würde ich es nicht Enttäuschung nennen, was mich zu solcher Radikalität zwingt. Es ist eher das Gefühl, daß etwas nicht zusammenpaßt. Dann gehört es auch nicht zusammen, finde ich, sondern muß getrennt werden. In Schwarz und Weiß, in loyal und illoyal – dazwischen hat nichts mehr Platz.»

Josef besaß die Stärke, aus Liebe gegen die Macht der Tradition zu handeln. Gefragt, was Josef bei dem Problem mit der Taufe empfehlen würde, meinte Heiko: «Josef würde mir abraten, mich in ein System einbinden zu lassen und Loyalität zu beweisen. Guck dich mal um, was es sonst noch gibt auf der Welt, würde er sagen. Ich glaube, Josef zog sogar lustvoll in den Krieg. Und es würde mich nicht wundern, wenn er irgendwo in Rußland neue Wurzeln geschlagen hätte. Doch wahrscheinlich ist er wirklich tot. Diese Kesselschlacht bei Orel hat kaum einer überlebt.

Josef würde sagen: Jede Entscheidung, die du triffst, kannst du auch wieder umwerfen. Es gibt nichts im Leben, das für immer gilt.»

Als Josef seinen Glauben und damit seine Familie verließ, brach er mit der Tradition. Lädt Heiko Maike nicht zur Taufe ein ... «Ich muß prüfen, was mir wichtig ist, und weniger an die anderen denken», interpretierte Heiko die Botschaft seines Großvaters. «Josef würde sagen: ‹Laß dich nicht festnageln, sondern sieh zu, was dir wichtig ist, und dann tu das, auch wenn alle die Hände über dem Kopf zusammenschlagen. Hältst du es nicht mehr aus, haust du einfach ab.›»

Elfriede, Josefs Frau, blieb allein mit den Töchtern. Heinrichs Familie bot ihr Zuflucht. Ihren und den Unterhalt der Mädchen verdiente sie als Verkäuferin in einer Bäckerei, trug Zeitungen aus, eröffnete einen Kaffeevertrieb und nahm die Bestellungen aller Verwandten und Bekannten auf. Die Leute trafen sich bei ihr, klönten und tranken Kaffee.

«Abends und an den Wochenenden bestellte sie den großen Garten, ganz allein», erzählte Heiko. «Die andere Großmutter lehnte am Wäschepfahl und kommentierte das Geschehen. Der Garten gehörte ihr und ihrem Mann, das Haus auch, Elfriede wohnte zur Miete bei ihnen.

Nie wieder band sie sich an einen Mann. Aber es wird erzählt, daß sie mit dem Heinrich ein Techtelmechtel hatte. Nicht, daß der ihre Lage als alleinstehende Frau in seinem Hause ausnutzte. Sie soll durchaus das Ihre dazu beigetragen haben. Überhaupt guckte sie nach rechts und links. Im stillen ließ Elfriede nichts anbrennen. Sie war eine lebensfrohe Frau.»

Als Kind kam Elfriede mit ihrer Familie aus Ostpreußen nach Oberhausen. In der zweiten Hälfte des vorigen Jahrhunderts gab es in der Gegend Ostpreußens, aus der die Familie stammte, Judenpogrome. Heiko vermutete, ein Teil der Familie Elfriedes sei jüdischer Herkunft gewesen. Er schloß das aus Informationen über den Lebensstil der Familie, über die Rolle beispielsweise, die die Frauen als Übermittlerinnen der Tradition spielten. Auch die Familiennamen paßten ins Bild.

Ob die Familie floh oder auf Arbeitssuche ins Ruhrgebiet gelangte, sei dahingestellt. Man lebte in einem engen und ritualisierten Zirkel. Jeden Donnerstag lud Elfriedes Mutter alle Verwandten ein, und die kamen, selbst von weit her. Auf dem Tisch stand ein Riesentablett voller Kuchen, Kind und Kegel drumherum. Elfriedes Vater, nach einem Schlaganfall gelähmt, saß in der Runde, schwieg, beobachtete und strahlte dabei nur eins aus: Macht. Allein mit seinen Augen dirigierte er den Clan, wohl wissend, daß seine Frau ihm diese Allüre ermöglichte, denn das Talent, die Leute zusammenzuhalten, besaß sie.

Auch als der Mann das Zeitliche gesegnet hatte, hielt Elfriedes Mutter die wöchentlichen Treffen der Sippschaft aufrecht. Erst als sie starb, lief die Familie nach und nach auseinander. Inzwischen war man etabliert im Ruhrgebiet, hatte sein Auskommen und brauchte die bindenden und sichernden Familienrituale nicht mehr, empfand sie als Mechanismen der Kontrolle und schüttelte sie ab. Was blieb? Die Dominanz der Frauen auf der mütterlichen Seite, die den Familienalltag prägten und neben denen die Männer, Brüder wie Ehepartner, in den Hintergrund traten, auch wenn sie noch so mit den Augen rollten.

Elfriede, so meinte Heiko, würde seine Frage folgendermaßen beantworten: «Unbedingt mußt du alle einladen. Und dann feiert ihr die Taufe mit mindestens 70 Leuten. Das Wichtigste im Leben ist nämlich, daß die Familie zusammenhält, durch dick und dünn. Keine Krise darf dazu führen, jemanden nicht einzuladen zu einem Fest. So etwas gibt es nicht. Basta.»

Lebte sie noch, würde sie es wie ihre Mutter machen: Jede Woche treffen sich alle bei ihr. Dann müßte ich jeden Sonntag von Hamburg nach Oberhausen fahren und mich mit Kaffee und Kuchen vollstopfen. Täte ich es nicht, käme sie mit der Moral. Genau wie meine Mutter, wenn wir Weihnachten nicht bei ihr verbringen. Glücklicherweise hat sich das mit der Zeit etwas abgeschliffen. Irgendwann sagte meine Mutter: ‹Ich muß es anders machen, und Oma würde das auch verstehen.› Diese Gewißheit hatte sie.» Sozusagen ein Ritual hinter dem Ritual. Das überkommene Ritual, entspricht es dem Stand der familiären Entwicklung nicht mehr, darf verändert werden. Aber sanft und hinter den Kulissen, nicht etwa durch eine Revolte. Heiko erzählt: «Meine Mutter und ihre Kusinen hatten alle den gleichen Streß zu Hause, weil sie sich früh verliebten. Heiraten durften sie noch nicht, aber es deutete sich an: Demnächst passiert etwas, auch ohne Hochzeit. Alle sicherten sich darüber, daß sie schwanger wurden, ihre Männer. Und die Familie mußte zustimmen, ob sie wollte oder nicht. Das war der anerkannte ‹Trick› der Frauen in der Generation meiner Mutter. In Elfriedes Generation hingegen hätte dieser ‹Trick› nicht funktioniert, sondern zu härtesten Sanktionen geführt. So entwickelte jede Generation ihren Weg, und vielleicht bin ich auch gerade dabei.»

Natürlich ist es anstrengend, die Rituale zu unterlaufen, die familiären Grenzen auszuweiten. Unterzieht man sich dieser Anstrengung jedoch, bewahrt man sich ein Gefühl von Freiheit. Oder, um es anders auszudrücken: Man kann machen, was man will, wenn man es sanft tut. Im schlimmsten Falle muß man damit rechnen, daß die anderen eine Weile gekränkt sind. Aber das vertut sich mit der Zeit.

Am Ende des Gesprächs stellte Heiko fest, daß ihm die Auflösung des komplexen Gebildes «Familie» in unterschiedliche Menschen mit unterschiedlichen Strategien nützlich war. Gerade zum Thema «Integration» führte bisher kein Weg an der mütterlichen, traditionsbewußten Seite vorbei. Integration war Gesetz und alles andere moralisch verwerflich. Daraus resultierte Druck, ein Druck, unter dem er zunehmend litt. Daß es daneben andere Lebensentwürfe gab, die seinem Problem besser entsprachen, stellte sich erst heraus, als Heiko die Geschichte seiner Familie mit Hilfe der Skizze erforschte. «Sicherlich nehme ich mir die mütterliche Seite noch einmal vor. Diese weißen Stellen, die es da gibt, machen mich neugierig. Zwar habe ich keine Ahnung, wie ich sie ausfüllen könnte, aber bestimmt finden sich Wege. Für heute bin ich zufrieden», sagte Heiko.

Seine Schwester Maike lud er nicht zur Taufe. Die war ihm nicht weiter gram darüber und schrieb einen freundlichen Brief.

Petras Geschichte
ODER
Die stehengebliebene Zeit

«Ich kann mich gegen meine Tochter nicht mehr durchsetzen.» Petra sagte das leise, eher bekümmert als zornig. «Sie macht, was sie will. Jedesmal, wenn ich es versuche, habe ich Angst, ihr weh zu tun. Ich kann nicht hart sein gegen meine Tochter, obwohl ich weiß, daß es manchmal nötig ist.»

Petras Tochter ist vierzehn Jahre alt und testet, wie viele pubertierende Mädchen, wo ihre Grenzen liegen. Mitunter müßte die Mutter wohl tatsächlich eingreifen und deutlich machen: «Hier ist jetzt Schluß.» Woran liegt es, daß sie das nicht schafft? Vielleicht gab es in ihrem Leben, früher, als Petra noch ein Kind war, Situationen, in denen ihre eigenen Eltern in einer Weise eingegriffen hatten, die ihr so weh tat, daß sie es nicht vergaß und heute davor zurückscheut, sich mit ihrer Tochter auseinanderzusetzen.

Nach kurzem Besinnen erzählte Petra, daß sie eine Großmutter hatte, an der sie hing. Die Großmutter war sehr alt geworden, krank und pflegebedürftig. Der Tod rückte näher. In der Familie sprach man davon. Als Petra sie im Krankenhaus besuchte – was sie des öfteren tat –, zog die Großmutter die Schublade ihres Nachttischs auf, nahm ihre Lieblingsuhr heraus und schenkte sie der Enkelin. Ohne daß die Großmutter ein Wort darüber verlor, war Petra klar: Die Uhr ist ein Abschiedsgeschenk, ein Andenken.

Als kurz darauf die Nachricht vom Tod der Großmutter eintraf, stellte Petra fest, daß die Uhr stehengeblieben war. In der Todesstunde der Großmutter hörte die Uhr auf, zu ticken. Tatsächlich fast zeitgleich.

Petra wollte unbedingt an der Beerdigung der Großmutter teilnehmen. Sie war damals gerade 15 Jahre alt. Aber die Mutter verbot es ihr, weil sie befürchtete, das Erlebnis würde Petra überfordern.

Am Tag der Beerdigung wurde Petra in ihr Zimmer eingeschlossen. Sie versuchte, aus dem Fenster zu klettern, rief und lärmte, aber keiner hörte sie, und sie konnte sich nicht befreien.

In diesem Moment, so könnte man sich vorstellen, war Petras Uhr stehengeblieben. Nicht die, die sie am Handgelenk trug, sondern ihre innere Entwicklungs-Uhr. Als es darum ging, sich den Eltern gegenüber in einer wichtigen Angelegenheit durchzusetzen, in einer emotional hoch aufgeladenen Situation, blieb die Entwicklungs-Uhr stehen.

War dem tatsächlich so, dann mußte auch eine Uhr als Vehikel dienen, Entwicklung wieder in Gang zu setzen. Und zwar nicht irgendeine Uhr, sondern eine ganz bestimmte. Die großmütterliche Uhr.

Doch davon später. Zuerst ging es darum, Petra zu helfen, die so lange aufgestaute Trauer um ihre Großmutter zu verarbeiten. Als dieser ihr nahe Mensch starb, konnte sie sich nicht von ihm verabschieden, im wahrsten Sinne des Wortes, denn sie mußte dem Abschied fernbleiben. Das war also das erste Thema: Was ist an Trauerarbeit noch zu leisten? Welche Strategien können helfen?

Natürlich wußte Petra, wo sich das Grab der Großmutter befand, aber sie war in all den Jahren nie dort. «Ich wollte meine Großmutter so im Sinn behalten, wie sie war, als sie noch lebte», sagte Petra. «Ein kleines Beet mit einem Stein darauf, auf dem ihr Name steht – was hatte das mit Großmutter zu tun? In ihrem Wohnzimmer hing zeit ihres Lebens ein Spruch, goldgerahmt und in Frakturschrift: ‹Und viel mehr Blumen während des Lebens, denn auf den Gräbern blühn sie vergebens›.»

Als das Gespräch sich seinem Ende näherte, nahm Petra folgenden Vorschlag mit nach Hause: Sie sollte zum Grab der Großmutter gehen. Und zwar, um ihr all das zu sagen, was sie ihr nicht sagen konnte, weil man es ihr verwehrt hatte.

Sie schrieb auf einen Zettel, was ihr dazu einfiel. Diesen Zettel sollte sie mit zum Friedhof nehmen und am Grab überlegen, ob sie ihn dort lassen könne, weil er zur Großmutter gehörte.

In der nächsten Sitzung erzählte Petra mir, daß sie tatsächlich auf den Friedhof gegangen sei, eine Zeitlang am Grabe der Großmutter verweilte, den Zettel zwar nicht vergraben, aber vorgelesen und sich dann auf den Heimweg gemacht habe. Sie erzählte, daß sie es als sehr angenehm und erleichternd empfand, auf diese Weise mit der Großmutter reden zu können. Sie hatte laut gelesen, sich vorher vergewissernd, daß niemand in der Nähe sei, der sie womöglich hören könne. Außerdem hatte sie sich eine Zeit ausgesucht, in der sie mit nicht allzu vielen Besuchern auf dem Friedhof rechnen mußte.

Langsam war es soweit, die Uhr der Großmutter ins Konzept einzubauen. Vielleicht könnte Petra sich überwinden, mit der Großmutter darüber zu verhandeln, die stehengebliebene Uhr fünf Minuten vorzustellen. Sie sollte nicht den Defekt beseitigen, die Uhr nicht etwa reparieren lassen, sondern sie lediglich fünf Minuten vorstellen. Und die Großmutter fragen, ob sie damit einverstanden sei.

Schon einmal hatte sie einen Monolog am Grab geführt und sich dabei nicht wunderlich, sondern gut gefühlt. Warum sollte das nicht wieder möglich sein?

Zwar schien Petra nicht gerade begeistert von der Idee, aber sie wollte sich die Sache überlegen. Besser gesagt: Sie wollte in sich hineinhorchen, in einer ruhigen Minute, und dann so handeln, wie es ihr Gefühl gebot.

Sollte sie sich für den Weg zum Friedhof entscheiden, für einen Dialog mit der Großmutter, dann solle sie überlegen, ob sich etwas verändert habe, nun, da die Zeit auf der Uhr eine andere war.

Petra ging auf den Friedhof. Aber sie führte den Dialog – ihre eine Stimme war die der Großmutter, die andere Stimme war sie selbst – nicht um die vorgeschlagenen fünf Minuten, sondern prinzipiell um das Weiterstellen der Uhr. Sie handelte mit der Großmutter aus, daß sie jeweils die Zeit einstellt, zu der sie auf den Friedhof kommt. Folgende Überlegung hatte sie dazu gebracht: «Wenn ich das nächste Mal komme, dann ist eine andere Zeit. Und wenn eine andere Zeit ist, dann habe ich mir inzwischen Gedanken gemacht, es hat sich etwas geändert, und das erzähle ich dann. So habe ich immer etwas zu sagen.»

Petra ging oft auf den Friedhof, setzte sich auf eine Bank, die in der Nähe des Grabes stand, und führte ihren inneren Dialog. Sie erlebte, daß das Stellen der Uhr, also die Wahrnehmung, daß Zeit vergeht, für sie ein Motiv wurde, sich zu überlegen: «Du wolltest etwas mitteilen. Was hat sich verändert und lohnt, erzählt zu werden?»

In der dritten Sitzung entstand die Idee, daß Petra Wünsche, die sie mit der Großmutter verbindet, in einem Blumenstrauß zusammenfaßt. Jedem Wunsch könnte sie eine ganz bestimmte Blume zuordnen. Zehn oder zwölf Wünsche fielen ihr ein, und sie legte auch gleich fest, welche Blume wozu paßt. Es waren Rosen dabei mit Stacheln und auch ganz zarte Blumen. Jede trug eine Botschaft.

Petra stellte den Strauß bei einem Blumenhändler zusammen und erzählte, wie verwundert, geradezu gekränkt der war, weil der Strauß Blumen versammelte, die optisch überhaupt nicht zueinander paßten. Aber sie ließ sich nicht beirren, setzte sich durch und stellte das kuriose Gebinde auf das Grab der Großmutter. Ein sehr intimer und angenehmer Augenblick, berichtete sie.

Im Grunde genommen hatte Petra damit die letzte Phase ihrer Trauerarbeit eingeleitet. Ihre Erinnerung und Sehnsucht nach der Großmutter verband sie mit Zukunftswünschen. Jetzt schien der Moment günstig, ihr vorzuschlagen, sie möge mit der Großmutter darüber verhandeln, ob sie die Uhr zum Uhrmacher bringen könne, damit sie repariert werde und nun die richtige Zeit anzeige. Petra sagte sofort: «Ja, das mache ich.»

In der folgenden Sitzung erzählte sie, daß sie sich anders entschieden hatte: «Ich war schon auf dem Wege zum Uhrmacher, aber irgendwie war mir nicht wohl bei dem Gedanken, daß jemand Fremdes seine Hand an die Uhr legt. Das kam mir vor wie eine Entweihung, wie ein Vertrauensbruch oder so etwas ähnliches. Nee, dachte ich dann. Laß mal. Du mußt diese Uhr nicht unbedingt tragen, du hast ja ein Zeiteisen am Arm.

Zu Hause legte ich sie in die Schachtel, in der ich die Fotos der Großmutter aufbewahre. Ich hatte das Gefühl, da gehört sie hin.»

Ganz klar, Petra wollte die Uhr ablegen. Aber nicht wie eine Akte, die ein für allemal geschlossen wird, sondern wie ein Erinnerungsstück, das man jederzeit hervorholen und betrachten kann.

Nun war die Zeit reif, sich den Eltern zuzuwenden. Petra, inzwischen geschult im Führen von Auseinandersetzungen, wenn auch als innere Monologe oder Dialoge, sollte sich überlegen: Wie kann ich den Eltern sagen, daß sie mich schlimm behandelt, so sehr verletzt haben, daß ich noch mit vierzig Jahren damit hadere? Wie kann ich ihnen mitteilen, daß das eine Sache war, die mich blockierte und bis in die Gegenwart wirkt? Wie?

«Am besten, ich schreibe einen Brief», fand Petra. Sie suchte also nicht den direkten Kontakt, sondern griff wieder zum Papier, zu einer Möglichkeit, die sich bewährt hatte, und teilte den Eltern auf diese Weise mit, was sie ihr angetan hatten. Als sie das hinter sich gebracht hatte, war sie in der Lage, sich den nächsten Fragen zu stellen: Was brachten die Erlebnisse der letzten Wochen? Was war an der schlimmen und traurigen Geschichte letztlich auch gut und positiv?

Diese Fragen ermöglichten es Petra, ihre Sichtweise zu verändern. War die Geschichte um den verhinderten Abschied von der Großmutter allein eine Geschichte von Verletzungen? Oder gibt es auch andere Aspekte? Schützte die Handlungsweise der Eltern sie nicht auch? Kann sie vielleicht erst jetzt, als erwachsene Frau, das erledigen, was sie, als sie ein Kind war, tatsächlich überfordert hätte? Brauchte sie dazu nicht die Fähigkeit des Reflektierens und Besinnens, die man als Kind noch nicht in ausreichendem Maße hat? Erforderte es nicht Zeit und Kraft, sich der eigenen Wünsche bewußt zu werden und sie zu benennen?

Vor dem Hintergrund dieser Überlegungen begann Petra, die Probleme mit der Tochter anders zu bewerten. Das Wort «durchsetzen» verschwand plötzlich, und sie formulierte für sich: «Ich als Mutter habe den Wunsch, daß meine Tochter das und das tut und anderes läßt. Ich bin mir ziemlich sicher, daß das gut und richtig ist.»

Ziemlich sicher. Nicht ganz und gar. Das war ein Fortschritt. Sagt jemand «ziemlich», so ist er sich nicht sicher. Und weil er sich nicht sicher ist, läßt er dem anderen Spielraum. Mit einer solchen Formulierung, womöglich noch ein bißchen sanfter, könnte Petra ihre Tochter in die Lage versetzen, ihrerseits zu überlegen: «Paßt mir das, was die Mutter da sagt? Verpasse ich irgendwas, wenn ich das annehme? Was sind eigentlich meine Wünsche und Interessen? Nicht, daß ich mit vierzig auch anfange, alles mögliche aufzuarbeiten wie meine Mutter. Besser, wir verhandeln heute darüber und sagen uns, was Sache ist.»

Dieses Verhandeln, das Petra am Grab der Großmutter so erfolgreich probiert hatte, bewährte sich auch bei der Tochter, selbst bei schwierigen Verhandlungsgegenständen. Anfangs schrieb sie der Tochter Briefe, um den Druck der direkten Konfrontation zu vermeiden. Später, beim Dialog Auge in Auge, bot sich das Mittel der Bestandsaufnahme an: «Wie erlebe ich dich im Moment? Weshalb ist es mir wichtig, dir zu sagen, was ich dir empfehle? Wie komme ich dazu, zu wissen, daß etwas richtig ist für dein Leben?»

In diesen Verhandlungen mit der Tochter ergab es sich hin und wieder, daß Petra sagen mußte: «Es gibt bestimmte Dinge, die wirst du nicht tun. Da setze ich dir eine Grenze. Und es gibt bestimmte Dinge, über die wir verhandeln können, ja müssen. Dinge, die du tun mußt, weil du du bist und nicht ich. Dinge, die für deine Entwicklung wichtig sind. Die mußt du mir klarmachen, damit ich sie verstehe.»

Selbsterkenntnis und Hilfe
Ein Seminargruppengespräch

Seit 1989 bietet das Psychologische Privatinstitut für Systemische Beratung einen dreijährigen Kurs an, in dem sich Psychologinnen, Mediziner, Pädagoginnen, Sozialpädagogen und andere Fachleute aus beratenden und helfenden Berufen fortbilden können. Die Lernenden haben die Möglichkeit, ein therapeutisches Konzept auf systemischer Grundlage kennenzulernen, es auszuprobieren und ihre Erfahrungen in Supervisionen kontinuierlich zu reflektieren. Nähert sich ein Kurs seinem Ende, laden Rainer Käsgen und Harald Ott-Hackmann die Teilnehmerinnen und Teilnehmer ein, in einem Seminargruppengespräch der Frage nachzugehen, ob und wie sich die Arbeit mit der Familienskizze bewährt hat. Dabei kommen persönliche Erfahrungen zur Sprache, die sich in der Konfrontation mit dem vermittelten systemischen Therapieansatz ergaben, wie auch Erfahrungen, die die Teilnehmerinnen und Teilnehmer in ihren jeweiligen Arbeitsgebieten machen, wenn sie Methoden systemischer Therapie anwenden.

Die am Gespräch beteiligten Frauen und Männer, einander aus der Zusammenarbeit über drei Jahre hinweg gut bekannt, kommen aus unterschiedlichen sozialen Arbeitsfeldern:

Traudi nutzt ihr therapeutisches Wissen als leitende Angestellte eines großen Trägers, der Tagesstättenplätze für Hamburger Kinder bereitstellt. Zu ihren Aufgaben gehört es, die Kommunikation in und zwischen den von ihr geleiteten Einrichtungen effektiver zu gestalten. Mittlerweile hat sie sich dem therapeutischen Team des Privatinstituts für Systemische Beratung angeschlossen.

Bernd arbeitet als Therapeut in einem Mutter-Kind-Kurhaus

an der Ostseeküste. Da er jeweils nur kurzzeitig mit Familienmitgliedern zu tun hat, interessieren ihn vor allem Möglichkeiten, Ratsuchenden schnell und wirkungsvoll Unterstützung zukommen zu lassen.

Randi ist im pflegerischen Bereich einer geschlossenen psychiatrischen Einrichtung Hamburgs tätig. Sie nutzt die therapeutische Zusatzausbildung, um mit ihren Patientinnen und Patienten ins Gespräch zu kommen und in dem interdisziplinären Team, dem sie angehört, ihren Platz besser bestimmen zu können.

Brigitte arbeitet als Sozialpädagogin und Therapeutin in einer Hamburger psychogeriatrischen Einrichtung. Sie bemüht sich darum, daß der systemische Therapieansatz das Konzept der Einrichtung und die Begleitung der hilfesuchenden Menschen immer stärker bestimmt.

Petra, deren Geschichte von der stehengebliebenen Zeit schon erzählt wurde, gründete mit anderen Frauen ein Frauenhaus in Mecklenburg-Vorpommern und leitet es mittlerweile. In ihrer Arbeit folgt sie einem systemischen Konzept von Beratung.

Barbara arbeitet als Sozialpädagogin und Therapeutin im Jugendamt einer Stadt Mecklenburg-Vorpommerns. Als Mitarbeiterin der Behörde berät sie sowohl Familien als auch einzelne Personen in Krisensituationen.

Ulrike ist als Sozialpädagogin und Therapeutin im Bereich «Ambulante Hilfen» des Rostocker Jugendamts tätig. Jeweils eine Zeitlang begleitet sie Familien, die in komplizierten Lebenssituationen Unterstützung brauchen. Gegen Ende des Kurses brachte sie ihren zweiten Sohn zur Welt. Bei der Entscheidung für dieses Kind wurde sie von ihren Kolleginnen und Kollegen aus dem Seminar begleitet.

Harald Ott-Hackmann Habt ihr durch die Beschäftigung mit
der Familienskizze, mit eurer eigenen Familiengeschichte, Veränderungen im Blick auf eure Herkunft, auf Lebensstrategien
oder Lösungsversuche in aktuellen Problemsituationen wahrgenommen? Gab es Momente, in denen ihr gespürt habt, daß
etwas Neues passiert, daß sich neue Wege eröffnen?

Traudi Seit ich denken kann, prägen mich Gewissenhaftigkeit,
Zuverlässigkeit, das Festhalten an Überbrachtem und das Bedürfnis, meine Pflicht zu erfüllen. Mein Großvater mütterlicherseits hat diese preußischen Werte in die Familie getragen
und sie so fest verankert, daß sie bis zu mir wirksam blieben.

Das extreme Gegenteil davon – und ich erlebe das als Berei-
cherung – ist Lockerheit, ein Loslassen, sind bisweilen sogar
Fluchttendenzen. Manchmal, wenn ich ein Flugzeug am Himmel sehe, möchte ich drinsitzen, wegfliegen, alles zurücklas-
sen, es den anderen vor die Füße schmeißen. Da erkenne ich
den Großvater väterlicherseits in mir, der seinerzeit nach Japan auswanderte und dort viele Jahre lebte. Bei einem Hei-
matbesuch verliebte er sich, schnappte die gerade eben eroberte Frau und nahm sie einfach mit nach Japan.

Diese Frau, meine Großmutter, war auch ein sehr spontan
handelnder Mensch. In Japan schaffte sie sich einen Geliebten
an und folgte ihm nach China. Als dieser Mann drei Jahre später starb, tauchte sie wieder bei meinem Großvater auf. Der
hatte sich inzwischen getröstet. Als Ersatz für seine entsprun-
gene Frau holte er sich die Schwägerin.

Man lebte und liebte heftig, man reiste, kam zurück und
ging wieder fort. Das Leben war bunt, abenteuerlich und viel-
fältig.

Solche Extreme gefallen mir; und ich glaube, sie passen
auch zu mir. Ich kann das eine haben und das andere, spontan
sein und diszipliniert. Ich kann es aber auch lassen, das eine
wie das andere. Es ist nicht zwanghaft. Meine Großmütter
waren starke Frauen. Durch die Familienskizze, durch das

Nachdenken über sie hat sich mein Frauenbewußtsein verstärkt und weiterentwickelt. Auch das finde ich gut.

Harald Ott-Hackmann Als du das erkanntest, hat sich da etwas verändert? Siehst du heute irgend etwas anders?

Traudi Mich und mein Leben sehe ich etwas anders. Die Erkenntnis der Möglichkeiten, die sich mir eröffnet haben, verhalf mir zu einer positiveren Lebenseinstellung überhaupt. Ich erlebe, daß ich sie wirklich nutzen kann, weil sie mir bewußt geworden sind.

Bernd Als es bei der Bearbeitung meiner Familienskizze um die väterliche Seite ging, kamen wir ins Gespräch darüber, wie mein Großvater gelebt hatte. Ich wußte, daß er mit sechzehn Jahren von zu Hause fortgegangen, den bäuerlichen Betrieb der Familie verlassen hatte. Er wollte kein Bauer werden.

Erst ging er nach England, später in die Schweiz und arbeitete als Butler. Bis nach Ägypten hatte es ihn verschlagen, wo er in einer Hafenstadt in einem Hotel beschäftigt war. Nach seiner Rückkehr brachte er seinen Vater dazu, ihm einen Gasthof zu kaufen. Nichts Großartiges, ein kleines Haus auf dem Lande, Kost und Logis.

Mein Vater, sein Sohn, ging nach dem Krieg als Kellner in die Lehre und übernahm das Hotelchen irgendwann.

Ich arbeite in einem Kurhaus für Mütter und Väter, die mit ihren Kindern anreisen. Jedesmal ärgerte ich mich, wenn mir auffiel, daß ich ganz schnell in die Dienerrolle falle, obwohl ich in dem Heim als Sozialarbeiter angestellt bin. Mensch, dachte ich dann, du bist doch hier der Pädagoge. Du mußt dich doch nicht um die Unterkünfte der Leute und um ihre tausend Wehwehchen kümmern. Dabei kommt am Ende noch zu kurz, was du eigentlich zu tun hast. Und so war es manchmal auch. Es machte mir nämlich Spaß, mich dafür zu verwenden, daß alle gut versorgt sind, die Kinder genug zum Spielen haben.

Nach der Arbeit an der Familienskizze konnte ich mir meine Freude am Dienen erklären. Die stammt vom Großvater, dem Butler, der gleichzeitig auch ein bißchen was von einem Revolutionär hatte, da er sich gegen seinen Vater auflehnte, das Elternhaus verließ und etwas Grundlegendes verändern wollte in seinem Leben. Dieses Verändern-Wollen entdecke ich in mir auch, und ich betreibe es intensiv, sowohl für mich selbst als auch in dem Betrieb, in dem ich arbeite.

Mittlerweile kann ich beides miteinander verbinden und sehe keinen Widerspruch mehr zwischen diesen beiden Seiten. Es geht mir gut damit. Und es scheint den Leuten gutzutun, daß ich beides kann – sie einerseits umsorgen und ihnen andererseits in Gesprächen auf den Zahn fühlen. Ich halte damit nicht mehr hinter dem Berg, aus Angst davor, die eine oder die andere Seite in mir könnte von jemandem abgelehnt werden.

Was meine eigene Familie betrifft, so ist mir folgendes aufgefallen: Es wurmte mich immer furchtbar, daß mein Sohn auf fast allen Familienfeiern, zu denen wir eingeladen wurden, nicht schnell genug den Kellner mimen konnte. Als ich ein Kind war, fand ich es peinlich, anderen Leuten einen Dienst erweisen zu müssen. Es kam mir immer so vor, als würde ich mich damit anbiedern, was ich gar nicht wollte. Aber meinem Sohn scheint es Spaß zu machen, eine Fliege umzubinden und mit dem Tablett herumzulaufen. Wie oft habe ich ihm gesagt: Junge, laß das, wir sind hier zu Gast!

Mittlerweile lache ich darüber. Er kannte die Alten nicht, also muß ich da etwas übertragen haben. So scheint es zu sein.

Harald Ott-Hackmann Als du merktest, auf welche Potentiale du zurückgegriffen hast, das Dienende wie das Verändern-Wollen, hast du dein Lebenskonzept da ergänzt? Oder hat sich lediglich deine Sicht auf Familie und Tradition erweitert?

Bernd Es veränderte sich eigentlich nichts Grundlegendes. Allerdings kann ich mich besser annehmen, und ich habe das

Gefühl, die Leute tun es auch. Die sagen nicht: Mein Gott, was biedert der sich an! Oder: Auf wie vielen Hochzeiten tanzt der eigentlich? Ich glaube, sie denken eher: Ja, das ist echt, wie der sich um mich bemüht. Dem geht es wirklich um mich.

Wenn einer ein anderes Kopfkissen braucht, dann rufe ich nicht den Hausmeister, sondern hole es, ohne daß mir ein Zacken aus der Krone bricht. Auf diese Weise komme ich nämlich mit den Gästen ganz gut in Kontakt. Die denken dann vielleicht: Okay, der Mann nimmt mich ernst mit meinen Wünschen. Da wird er mich ja wohl auch mit meinen Problemen ernst nehmen.

Harald Ott-Hackmann Du kannst die Strategien deiner Familie für dich besser nutzen, mußt dich nicht davon abgrenzen, sondern kannst sie in dein eigenes Konzept einbauen.

Bernd Ja. Das war auch schon vor der Beschäftigung mit der Familienskizze so. Allerdings war es irgendwie unbewußt, unsortiert, und deswegen hat es mich oft verunsichert. Das ist jetzt anders.

Traudi Vorher hast du dich wahrscheinlich geniert in der Rolle des Dieners, obwohl sie dir lag und dir Anerkennung brachte. Nun genierst du dich nicht mehr. Du vermittelst, daß auch diese Rolle deine ist. Also fühlen sich die Gäste wohl und denken nicht, sie muten dir womöglich etwas zu, wenn sie dich um einen Dienst bitten, der einem Pädagogen nicht unbedingt abzuverlangen ist.

Bernd Das kann gut sein. Auf jeden Fall hat es aber etwas mit Echtheit zu tun, damit, daß doppelte Botschaften verschwunden sind. Vorher habe ich wahrscheinlich vermittelt: Ich bin es, und ich bin es nicht. Ich will es, aber zugleich ist es mir peinlich.

Doppelte Botschaften erzeugen Verwirrung und Probleme

in Beziehungen. Daß es im Heim dazu nicht kam, lag nur daran, daß die Leute bloß eine begrenzte Zeitlang mit mir zu tun hatten. Dann reisten sie wieder ab.

Randi Schon immer haben mich Geschichten interessiert, auch meine eigene Familiengeschichte. Wenn meine Großmutter oder meine Mutter erzählte, hörte ich gern zu. Anderen Leuten auch. Dieses Interesse bestimmte selbst meine Lektüre. Und als ich begann, mich mit der Familienskizze zu beschäftigen, war ich völlig fasziniert. Was dabei alles herauskommen kann!

Von der mütterlichen Seite her stammte ich aus Ostpreußen, aus einem Bauerngeschlecht. Da meine Eltern sich scheiden ließen, als ich noch klein war, weiß ich von der anderen Seite, der väterlichen, nur wenig. Trotzdem beeinflußte sie mein Leben.

Ich war immer sehr traurig darüber, daß die Familie meines Vaters nichts mit mir zu tun haben wollte. Das hat mich in vielen Situationen gehemmt. Als ich mich mit der Familienskizze beschäftigte, stellte ich fest: Es ist eigentlich gar nicht so traurig. Ich muß nicht unbedingt wissen, was da schlummert. Es ist auch so für mich in Ordnung.

Meinen Kindern allerdings bot ich an: Wenn es euch wichtig ist, herauszufinden, woher ihr stammt, dann helfe ich euch. Aber ich für meinen Teil brauche es nicht. Ich habe die eine, die bekannte Seite, und die ist meine stärkende, meine stützende Seite.

Die andere, diese unheimliche, geheimnisvolle Seite meines biologischen Vaters nutze ich als Potential, wenn ich mich irgendwo hinbewege, aber nicht weiß, was daraus werden könnte, was auf mich zukommt.

Harald Ott-Hackmann Du nutzt diese Seite, um dich in unbekannte Situationen zu wagen, ohne dich zu fürchten?

Randi Ja, so könnte man es nennen. Wichtig war für mich, festzustellen, daß diese Seite, die mich immer beschäftigt hat und der ich mich nicht zu nähern wagte ... Ich weiß, wo die Familie lebt. Die Adresse war nicht das Problem. Aber ich weiß auch: Sie wollen nichts von mir wissen. Das ist so.

Traudi Kannst du dieses Unheimliche näher beschreiben?

Randi Unheimlich ist mir das Unbekannte. Schon als Kind und Jugendliche war es mir unheimlich, wenn ich daran dachte: Da gibt es diese Familie, vier Halbgeschwister, Großmutter und Großvater, Tanten und Onkel ... Eigentlich ein Teil, der zu mir gehört, aber von dem ich nichts weiß. Das ist unheimlich.

Traudi Im Sinne von Verunsicherung?

Randi Ja, von Verunsicherung. Aber auch von Ablehnung. Wenn ich mich bei ihnen melde, könnte meine Annahme bestätigt werden, daß sie mich ablehnen. Die könnten mich ja wirklich nicht haben wollen!

Harald Ott-Hackmann Was würde passieren, wenn du dich dieser unheimlichen Seite näherst?

Randi Ganz spontan: Dann gäbe es nichts Unbekanntes mehr, auf das ich mich einlassen könnte, wenn ich wollte. Dann hätte ich Gewißheit, und zwar eine Gewißheit, die wahrscheinlich nicht positiv ist. Vielleicht würde ich mich gehemmt fühlen, mich künftig auf unsicheren Boden zu begeben.

Da fällt mir eine Geschichte ein. Als wir mit Metaphern arbeiteten ... Sich aufs Eis wagen ... Was könnte mir passieren, wenn ich mich aufs Eis wage? Wenn ich einbreche – wer würde mir helfen?

Harald Ott-Hackmann Diese unbekannte Seite könnte die zugefrorene Eisfläche sein?

Randi Ja. Und wenn ich ausrutsche oder gar einbreche, hilft mir keiner. Das muß ich mir nicht unbedingt bestätigen, oder?

Also, ich möchte es nicht bestätigen. Ich habe herausgefunden, daß ich auf der bekannten Familienseite viele Stärken finde. Die Frauen, die da vertreten sind, sind starke Frauen. Doch seit ich mich mit ihnen beschäftige, müssen sie Federn lassen. Auch die, die ich liebe und geliebt habe. In der Beziehung zu meiner Mutter ist es zu einiger Verstörung gekommen.

Harald Ott-Hackmann Kann es sein, daß du im Grunde genommen mit der bekannten Seite der Familie schon genug zu tun hast? Daß für die unbekannte Seite gar keine Zeit oder Energie mehr übrigbleibt?

Randi Ja. In meiner Familie, die ich kenne und liebe, habe ich genug Verletzungen erfahren. Damit muß ich klarkommen. Auch mit den guten Seiten, nicht nur mit den problematischen. Das muß ich von der anderen Familie nicht auch noch haben.

Wenn meine Kinder es wollen, bitte sehr. Dann helfe ich ihnen. Aber ihnen! Und nicht mir. Ich brauche es nicht.

Brigitte Ich kenne meine Großeltern, dachte ich, da kann es nicht viel Neues, mir Unbekanntes geben. Durch bestimmte Fragestellungen bei der Arbeit mit der Familienskizze ergaben sich aber neue Blickwinkel, und ich merkte: Verhaltensweisen und Strategien meiner Großeltern haben viel mit mir und mit meinem Verhalten zu tun.

Die Familie meines Vaters ist sehr sozial eingestellt; man steht dicht beieinander und ist füreinander da. Man guckt, wie es den anderen geht, und bemüht sich, sie nicht aus dem Blick zu verlieren.

Die andere Familie, die meiner Mutter, ist nicht besonders warmherzig, lebt eher distanziert und auf Leistung bedacht. Genau diese beiden Pole bestimmten mein Leben. Ich dachte: Ich bin nur etwas, wenn ich Leistung bringe. Nur dafür bekomme ich Anerkennung. Ich wollte immer gern mit Menschen arbeiten, wollte ihnen behilflich sein, für sie dasein. Aber im sozialen Bereich ist Anerkennung dünn gesät. Wenn man sich selbst nicht lobt, dann tut es keiner. Keine Anerkennung. Das war ein Widerspruch.

Jedenfalls bewegte ich mich zwischen diesen beiden Polen, lief im Zickzack und kriegte keine Linie zustande. Erst jetzt wurde mir klar, daß ich fragen muß: Was will ich denn eigentlich? Wenn es wirklich das Engagement für andere Menschen ist, dann muß ich mich von der Seite, die Anerkennung nur für Leistung zollt, absetzen. So hart das werden wird.

Also habe ich entschieden: Die warmherzige Seite ist mir lieber und wichtiger. Und nun sehe ich zu, wie ich das regeln kann.

Harald Ott-Hackmann Wie regelst du es?

Brigitte Es ist schwierig und klappt nicht immer. Manchmal falle ich zurück und denke, ich muß jetzt einen grandiosen Abschluß machen mit einer Eins. Eine Drei ist schon ganz schlecht.

Da ich nun weiß, woher das kommt, kann ich mich wieder einkriegen und sagen: Ach, ist doch scheißegal, nicht? Hauptsache, ich komme durch.

Harald Ott-Hackmann Gab es eine Situation bei der Beschäftigung mit deiner Familie, in der dir klar wurde: Das ist es! Jetzt kann ich etwas verändern!

Brigitte Ja. So eine Situation stellte sich ein, als ich begriff, daß die Verhaltensmuster meiner beiden Herkunftsfamilien so verschieden sind. Sie passen einfach nicht zusammen, schließen sich förmlich aus. Auch vom Emotionalen her. Erst probierte ich eine Weile, ob sie sich nicht doch verbinden lassen. Dabei merkte ich: Es geht nicht. Ich schaffe es nicht, beim besten Willen nicht. Also trennte ich mich von der einen Seite.

Harald Ott-Hackmann Nachdem du erkannt hattest, daß die Seiten so unterschiedlich sind, konntest du entscheiden, welche Seite die angenehmere und brauchbarere ist.

Brigitte Genau. Das ging aber nur, weil ich sah: Es ist einfach da, es ist vorhanden, ganz egal, was ich tu. Das spürte ich vorher auch, wußte nur nicht, wie ich es verstehen sollte. Deshalb folgte ich diesem Zickzack-Kurs von einer Seite zur anderen und war nie richtig zufrieden.

Harald Ott-Hackmann Jetzt hast du die Strategien im Griff, nicht mehr sie dich?

Brigitte Ich bin wieder handlungsfähig, ja.

Traudi Hast du noch Kontakt zu der strengen Seite? Oder hast du die Tür hinter dir zugeschlagen?

Brigitte Momentan habe ich keinen Kontakt zu meiner Mutter und ihren Eltern. Wenn ich meine Linie fortsetzen will, kann ich mich nicht immer wieder reinziehen lassen in den Leistungskurs. Das geht nicht.

Harald Ott-Hackmann Oft ist es hilfreich, zu fragen: Wie kann man solche schwierigen Positionen dennoch nutzen? Hast du jemals für dich bestimmt: An dieser Stelle, in diesem Zusammenhang setze ich voll auf Leistung?

Brigitte Ja, im Studium. Wenn ich eine Hausarbeit schreibe und mich in einem Fach mit einer Drei oder Vier nicht zufriedengeben kann, dann fange ich dementsprechend früher an. So habe ich mehr Zeit und kann arbeiten, ohne gleich wieder unter Druck zu geraten.

Barbara Mein Großvater väterlicherseits lag zwölf Jahre lang krank im Bett, und die Großmutter pflegte ihn bis zu seinem

Tod. Der Großvater mütterlicherseits mußte sich um seine alkoholkranke Frau kümmern. Pflege und die Übernahme von Verantwortung prägten meine beiden Herkunftsfamilien.

Schon meine Großmutter hatte das Kind ihrer Tochter aufgezogen. Und eine meiner Tanten lebte ebenfalls mit einem Kind, das nicht ihres war. Das zieht sich so durch bei uns, und auch zu meiner eigenen Familie gehören neben meinen drei Kindern noch zwei Pflegekinder.

Ich habe ein Gefühl für Kinder, glaube ich, auch für solche, die mir nicht gehören. Und ich kann gut mit ihnen leben. Deshalb nahm ich eines Tages das Kind meines Bruders auf, der alkoholkrank ist.

Gut, ich helfe dem Kind. Meinem Bruder kann ich nicht helfen. Immerhin trenne ich jetzt klar, was ich machen will und was nicht. Das möchte ich auch auf meine Arbeit übertragen. Hin und wieder gelingt es mir schon.

Petra Ich arbeite seit fast acht Jahren im Frauenhaus, und ich fand bis vor drei Jahren nie eine passende Weiterbildung für mich, weil ich keinen pädagogischen Beruf habe und auch kein Abitur. Deshalb war mir der Studienzugang verschlossen.

Ich weiß noch: Als ich mit Barbara hierherkam, hatte ich Angst, den Anforderungen nicht zu genügen und die Erfahrung zu machen, daß mir wieder irgend etwas fehlt. Übrigens bin ich nicht nur gekommen, um zu lernen, sondern auch, um herauszufinden, was mit mir los ist und warum mir oft Sachen passieren, die ich mir nicht erklären kann.

Als ich achtzehn Jahre alt war, zog ich zu Hause aus, um allein zu leben. Ich bekam mein erstes Kind. Heirat, Scheidung, dann wieder ein Kind. Daß ich eines Tages meinen jetzigen Mann traf, dafür bin ich dem lieben Gott noch heute dankbar. Wahrscheinlich wäre mir sonst einiges entgangen im Leben.

Mit meiner Herkunft hatte ich mich vorher nie beschäftigt. Wollte ich vielleicht auch gar nicht. Nun tat ich es, und das war gut so.

Als meine Großmutter meinen Großvater heiratete, hatte

der schon sechs Kinder. In diesem Pflichtjahr, das die Mädchen während der Nazizeit absolvieren mußten, kam sie in die Familie des Großvaters, dessen Frau gerade gestorben war. Auf dem Totenschein stand: Natürlicher Tod. Sie war aber bei einer Engelmacherin gewesen und starb hinterher am Kindbettfieber. Darüber wurde damals nicht gesprochen, denn auf Abtreibung stand in der Nazizeit eine hohe Strafe.

Diese Frau, die meinen Großvater heiratete mit dem Rattenschwanz von Kindern, betrachtete ich immer als meine Großmutter. Das blieb so, bis zu ihrem Ende. Im Laufe der Jahre entwickelte sich zwischen uns eine ganz besondere Beziehung, die für mich, aus heutiger Sicht, viel wichtiger war als die zu meiner Mutter.

Meine andere Großelternseite war eine harte Seite, weiß Gott. Gefühle zeigen, das gab es nicht. Nur Arbeit. So lernten sich auch meine Eltern kennen. Ohne große Romantik.

Ich wurde mal gefragt, warum ich im Frauenhaus arbeite. Da sagte ich: Weil ich anderen Kindern ersparen will, was ich erlebt habe. In meiner Kindheit gab es sehr viel Gewalt. Von meinen Großeltern, meinem Vater, von seinem Bruder, von seiner Schwester – von der väterlichen Seite kamen nur schlagende Argumente.

Ich ertappte mich manchmal selbst bei dieser Härte. Es gab Zeiten, in meiner ersten Ehe, da schlug mein Mann mich. Doch ich war nicht so wie meine Mutter. Ich schlug zurück, wehrte mich. Einmal warf ich den Wäscheständer nach ihm. Der traf ihn, verletzte ihn, und er blutete am Kopf. Da brüllte er: Ich bring dich in den Knast! Und plötzlich bekam ich Angst vor meiner eigenen Courage.

Ich will Kindern ersparen, immer lügen zu müssen: Bei uns ist alles in Ordnung, alles prima. Die ganze Straße weiß, daß das nicht stimmt, die Nachbarn wissen es. Trotzdem: Es ist alles in Ordnung.

Als ich ein Kind war, hielt diese angeheiratete Großmutter, Gertrud, ihre Hand über mich. Sie sagte immer: Bis hierher und keinen Schritt weiter.

Harald Ott-Hackmann Was hat die Beschäftigung mit deiner Familienskizze für dich gebracht?

Petra Zuerst nur Aufruhr. Es war mir nicht bewußt, was Familie anrichten kann. Was sie verderben oder Gutes bewirken kann. Das hat mich total verstört.

Harald Ott-Hackmann Du hast mir die Geschichte von der Großmutter und ihrer Uhr erzählt. Ergab sich damals ein anderes Bild der Großmutter? Was ist passiert? Von heute aus betrachtet.

Petra Ich konnte Abschied nehmen. Bis zu unserem Gespräch war ich dazu nicht in der Lage. Lange Zeit ging ich nicht zum Grab meiner Großmutter, weil meine Eltern das verboten hatten. Später vermied ich es, weil ich nicht akzeptieren konnte, daß die Großmutter nicht mehr lebte. Bis zu unserem Gespräch war sie für mich eigentlich immer noch da, in irgendeiner Form. Ich brachte es nicht über mich, zu sagen: Okay, sie liegt nun dort unten. An dem Tag, an dem sie starb, blieb die Uhr stehen. Genau in ihrer Todesstunde. Vierzehn Tage vorher hatte sie mir die Uhr geschenkt. Ich denke, sie wußte, daß sie bald sterben würde. Jahrelang rührte ich die Uhr nicht an, ließ alles so, wie es war.

Du empfahlst mir, sie fünf Minuten vorzustellen oder sie zum Uhrmacher zu bringen, was für mich nicht in Frage kam. Oder sie gar einzugraben auf dem Friedhof, um sie loszuwerden. All das tat ich nicht. Ich wollte sie nicht loswerden.

Allerdings holte ich sie hervor, zum ersten Mal nach diesen vielen Jahren. Ich sah sie an, berührte sie und tat sie dann in ein Etui. Da liegt sie noch. Bei der Berührung muß es geschehen sein, daß ich begriff: Großmutter ist tot.

Harald Ott-Hackmann Welche Rolle spielte die Uhr eigentlich? Erst hast du sie weggetan, dann wieder herausgenommen. Was konntest du anfangen mit der Uhr?

Petra Die Uhr war mir ein Symbol für Zeit. Zeit in irgendeiner Form spielte für mich immer eine große Rolle. Entweder hatte ich zuwenig, oder ich hatte zuviel davon. Mal fühlte ich mich wie ein Dampfkessel, der gleich explodiert, mal zog ich mir die Decke über den Kopf und ließ alles laufen. Solche Sachen. Irgend etwas war mit meinem Gefühl für Zeit nicht in Ordnung. Ich fand kein vernünftiges Maß dafür.

Nach deiner Beratung versuchte ich, Zeiten für mich zu setzen, mir das Vergehen von Zeit, ihr Maß bewußt zu machen.

Harald Ott-Hackmann Wie war das für dich, als ich dir sagte: Stell doch die Uhr mal fünf Minuten vor und verhandle mit der Großmutter darüber?

Petra Ich fand die Idee zwar kurios, aber nicht schlecht. Doch ich traute mich nicht. Ich hatte das Gefühl, in etwas einzugreifen. Wer weiß, was dann passiert?

Harald Ott-Hackmann Was ist passiert?

Petra Ich begann, darüber nachzudenken, ob es noch eine andere als die von dir vorgeschlagene Möglichkeit für mich gibt.

Harald Ott-Hackmann Wenn du heute an die Geschichte mit der Uhr denkst, wie fühlst du dich dann?

Petra Sie erinnert mich an meine Großmutter. Als ich gestern abend im Bett lag, sagte ich meiner Tochter: Ich sehe meine Großmutter immer noch so, wie sie damals war. Mit ihrem Gesicht, wie es damals war.

Viele Leute verliert man aus dem Sinn. Man kann sich an ihre Gesichter nicht mehr erinnern. Man strengt sich an: Wie sah der oder jener aus? Aber da kommt nichts.

Doch das Gesicht meiner Großmutter sehe ich immer noch ganz deutlich. Ich möchte es behalten.

Harald Ott-Hackmann Vielleicht hast du an dem Bild der Großmutter nichts geändert, um dein eigenes Zeitmaß finden zu können.

Petra An dem Bild meiner Großmutter wollte ich nichts ändern. Ich wollte, daß sie ihren Schein, daß sie das, was sie für mich war, nicht verliert. Und ich habe es auch bewahrt.

Aber ich begann, bestimmte Dinge für mich anders zu regeln, mir auch mal Zeit zu lassen. Nicht ständig darauf zu hören, was andere von mir erwarten, was ich jetzt tun muß. Ich kann heute entscheiden: Was will ich zuallererst?

Harald Ott-Hackmann Deine Geschichte, so, wie ich sie kenne, begann ja nicht mit der Großmutter, sondern mit deiner Tochter. Mit der Frage nämlich, wie du dich ihr gegenüber durchsetzen kannst.

Welchen Einfluß hatte die Beschäftigung mit der Großmutter, die Entwicklung deines eigenen Zeitempfindens, auf den Konflikt mit deiner Tochter?

Petra Sara ist meine Pflegetochter. Irgendwann anzunehmen, daß sie nicht mein Kind ist, sondern eine eigene Geschichte hat, eine andere Mutter, eine andere Großmutter, eine andere Herkunft und deshalb eine andere Zeit – das hat es gebracht.

Sara ist immer noch so zickig, wie sie damals war. Daran hat sich nichts geändert. Sie akzeptiert mich heute nicht besser, nur weil ich manches anders mache. Aber ich lasse sie in Ruhe. Das heißt, ich gebe ihr Zeit.

Wenn sie zum Beispiel abends nicht essen will – vor nicht allzulanger Zeit hätte ich bei ihr gesessen und gesagt: Diese Stulle ißt du auf! Weil ich das will!

Heute weiß ich: Sie weigert sich nicht, die Stulle zu essen, weil sie tatsächlich keinen Hunger mehr hat. Sondern sie tut es, um mich zu provozieren.

Jetzt bin ich soweit, daß ich sagen kann: Okay, wenn du es

nicht willst – ob beim Essen oder beim Ins-Bett-Gehen –, dann eben nicht. Dann bleibst du hier sitzen, bis dir der Hintern kalt wird.

Seitdem sie merkt, daß ich nicht mehr anspringe, wenn sie brüllt, bis das Haus fast zusammenfällt … Früher brachte sie mich damit auf die Palme. Ich rannte hin und schimpfte: Mein liebes Fräulein, jetzt habe ich die Nase aber voll!

Jetzt denke ich: Okay, laß sie … Mein Mann, wenn er sieht, bei mir hebt sich diese Ader auf der Hand, sagt: Mach die Tür zu. Tu irgendwas, aber geh jetzt nicht hin.

Harald Ott-Hackmann Du kannst deine Tochter heute besser lassen, wie sie ist.

Petra Ja. Ich kann ihr Zeit geben. Auch die Zeit zum Schreien. Wenn sie meint, daß sie brüllen muß, dann muß sie das tun.

Harald Ott-Hackmann Du kannst deine Großmutter so sein lassen, wie sie ist. Sie verändert sich dadurch nicht, aber sie hat nicht mehr soviel Einfluß auf dein Leben. Damit könnte zusammenhängen, daß du auch deine Tochter besser lassen kannst, ihr dein Lebenskonzept nicht aufdrängen mußt.

Petra Ja.

Harald Ott-Hackmann Deine Großmutter kam von außen in die Familie. So ähnlich wie deine Tochter Sara. Könnte es sein, daß da …

Petra Es könnte schon sein, daß es da einen Zusammenhang gibt. Aber es ist gut, daß ich beide jetzt von mir wegrücken und sagen kann: Ihr bringt mich nicht mehr aus der Ruhe.

Brigitte Wie alt ist Sara?

Petra Sara ist jetzt acht Jahre alt.

Harald Ott-Hackmann Wenn du mit anderen Familien arbeitest, nachdem du dir deine eigene Familie angesehen hast, hat sich etwas geändert?

Petra Als ich mit der Arbeit im Frauenhaus begann, wollte ich unbedingt erreichen, daß sich die Frauen aus Gewaltbeziehungen befreien, ihr eigenes Leben leben. Oft sagte ich: Ich kann nicht verstehen, daß du zu dem Mann zurückgehst, der dich schlägt. Manche Frauen gingen sechs-, siebenmal zurück …

Heute sage ich: Und wenn eine Frau zwanzigmal zurückgeht, wiederkommt und meine Hilfe braucht, um auszuhalten, dann ist das in Ordnung. Ich berate auch Frauen, die nicht bei uns wohnen, also nach dem Gespräch wieder nach Hause gehen. Frauen, die überhaupt nicht wollen, daß ich sage: So, ich packe jetzt mit Ihnen Ihre Koffer, und wir ändern Ihr Leben. Ich helfe Ihnen dabei. Nein, diese Frauen wollen überleben in ihrem Zuhause, in ihren Verhältnissen. Und dabei brauchen sie meine Unterstützung.

Andere verstehen das nicht und schütteln den Kopf. Die frage ich: Leute, was ist euer Problem? Daß ihr die Frau nicht versteht, das ist in Ordnung. Ich verstehe sie auch nicht. Darauf kommt es aber gar nicht an. Es geht um Lebenshilfe, nicht um Rechthaben.

Harald Ott-Hackmann Ist es so, daß du die Frauen so sein lassen kannst, wie sie sind? Selbst, wenn du manchmal entsetzt bist, was bei ihnen abläuft?

Petra Ja. Das ist wie bei Sara. Manchmal kriege ich die Wut und würde so eine Frau am liebsten hernehmen, schütteln und sie anschreien: Verdammt noch mal, merken Sie nicht, was mit Ihnen passiert?

Wenn ich dann von meiner Palme steige, sage ich mir: Okay, ist in Ordnung, sie will es so. Wenn sie damit leben kann, kann ich das auch. Muß ich das auch.

Traudi Du hast Gelassenheit gefunden. Du sagst, du kannst die Großmutter, die Tochter, die Frauen so sein lassen, wie sie sind. Vielleicht, weil du gelassener geworden bist. Dir nicht mehr einbildest, zu wissen, was für sie richtig ist. Gelassenheit vielleicht sogar im Sinne von Bescheidenheit?

Petra Ich weiß nicht, ob ich das Bescheidenheit nennen würde. Gelassenheit ist richtig. Aber bei jeder neuen Frau muß ich diese Gelassenheit neu erwerben, denn sie ist mir nicht in die Wiege gelegt worden. Ich muß mich also immer wieder zurücknehmen, mir sagen: Das kannst du jetzt nicht machen. Das ist nicht deine Sache, nicht dein Auftrag.

Das ist neu für mich und deswegen auch beängstigend. Ich habe Angst, daß eine von den Frauen mal auf die Eisenbahnbrücke hinter dem Haus steigt und runterspringt. Das ist eine schlimme Vision, die ich da im Kopf habe. Ich denke: Was machst du, wenn die Frau jetzt aus der Beratung geht und ... Du zeigst Gelassenheit, gibst ihr Spielraum, und sie geht hin und springt. Wie wirst du dann damit fertig?

Harald Ott-Hackmann Alle Frauen, die zu euch kommen, treffen ihre eigenen Entscheidungen. Das können auch schreckliche Entscheidungen sein.

Petra Ja. Endgültige Entscheidungen.

Ulrike Ich kenne nur die mütterliche Seite meiner Familie. Die Männer stahlen sich immer davon oder wurden weggejagt.

Unsere Beschäftigung mit der Familienskizze brachte mich dazu, meinen Vater aufzusuchen, zu dem ich vorher keinen Kontakt hatte. Meine Eltern wurden geschieden, als ich zwei Jahre alt war. Als Kind hatte ich meinen Vater nur zweimal gesehen, und in meinem Kopf war kaum eine Erinnerung, kein Bild. Nachdem ich es eine Weile vor mir hergeschoben hatte, raffte ich mich auf und besuchte meinen Vater. Das war vor einem Dreivierteljahr.

Heute meine ich: Der Besuch war letztlich vielleicht gar nicht so wichtig für mich. Eher die Beschäftigung vorher, dieses Sich-Herantasten an das Thema «Vater».

Ich hatte eine tierische Wut auf ihn, weil er sich all die Jahre nicht um mich gekümmert hatte. Manchmal malte ich mir aus, wie es wäre, zu ihm hinzugehen und ihm meine Wut ins Gesicht zu brüllen. Es war wichtig für mich, diese Gedanken, diese Wut zuzulassen.

Ich habe noch drei Geschwister, die Kontakt zum Vater haben, jetzt, als erwachsene Menschen. Sie rieten mir alle drei: Um Gottes willen, zähme deine Wut. Krieg dich wieder ein. Der Vater hatte seine Gründe ... Dadurch wurde ich noch wütender.

Letzten Endes konfrontierte ich ihn nicht mit meiner Wut. Ich behielt sie für mich. Ich traute mich nicht, sie herauszulassen, denn es war ein fremder Mensch, der da vor mir saß. Also riß ich mich zusammen. Aber ich suchte ihn immerhin auf und sah ihn mir genau an.

Harald Ott-Hackmann Du bist die einzige in deiner Familie, die mit einem Mann lebt?

Ulrike Das ist nicht mein Thema. Mein Thema, das Thema meiner Familie ist das Verlassen von Kindern.

Meine Großmutter verließ ihre Tochter, mein Vater verließ uns Kinder, und ich habe mein erstes Kind verlassen. Thema ist, wie man damit umgeht.

Es war gut für mich, daß ich die Wut auf meinen Vater zulassen und spüren konnte. Er mag zehntausend Entschuldigungen haben, warum er sich so verhielt, wie er es tat. Wer weiß? Aber meine Wut war berechtigt. Mein Sohn, den ich verlassen habe, ist inzwischen zwölf Jahre alt. Wir sehen uns regelmäßig, und ich merke, daß er manchmal wütend auf mich ist. Da kommen Aggressionen hoch, Blicke treffen mich, spitze Bemerkungen, über die ich erschrecke, weil ich sie ihm nicht zutraue.

Aber ich kann ihm diese Wut lassen. Die darf er haben. Ich versuche nicht, sie ihm auszureden, mich zu entschuldigen oder zu rechtfertigen.

Harald Ott-Hackmann Lange Zeit hast du dich damit auseinandergesetzt, ob du deinem Vater böse sein darfst. Du hast es dir gestattet und es gegenüber deinen Geschwistern vertreten. Deshalb kannst du deinem Sohn, der getrennt von dir lebt, zeigen: Du darfst wütend sein.

Ulrike Ja. Auch die Wut auf meine Mutter ist jetzt da. Ich hatte immer versucht, meine Mutter zu entschuldigen, Erklärungen dafür zu finden, warum sie allein mit uns Kindern blieb. Ich fand, daß sie nichts dafür konnte.

Heute meine ich: Das war ihre Sache, nicht meine Sache. Doch sie hat mir ihre Sache aufgezwungen. Deswegen lasse ich die Wut zu.

Harald Ott-Hackmann Vor kurzem hast du ein zweites Kind bekommen. Gibt es für das Leben mit diesem Kind ein neues Konzept?

Ulrike Als ich schwanger wurde, wußte ich, daß ich das Kind nicht ohne Vater aufziehen möchte. Das war von Anfang an klar, für mich und für den Vater des Kindes. Es geht nur gemeinsam. In welcher Lebensform auch immer – aber gemeinsam. Das ist das neue Konzept.

Harald Ott-Hackmann Meine nächste Frage, und zwar an alle: Wie habt ihr die Familienskizze in der Praxis genutzt? Half sie in der Arbeit mit Familien, mit Teams, mit einzelnen Ratsuchenden?

Randi Für mich ist wichtig, daß ich in Kontakt komme, meinem Gegenüber Interesse signalisieren kann. Interesse, das er spürt, weil ich es tatsächlich habe.

Wenn ich mit der Familienskizze arbeite, kommt sehr viel zutage. Gut finde ich, daß dabei nichts planbar, vorhersehbar ist. Für mich nicht und für die Person, die mir gegenübersitzt, auch nicht. Unbekanntes tritt hervor, und das setzt etwas frei. Handlungsmaterial entsteht.

Harald Ott-Hackmann Vorhin sagtest du, das Unbekannte verunsichere dich. Jetzt sagst du: Das Unbekannte ist interessant und bietet Handlungsmaterial.

Randi Dieses Unbekannte setzt bei mir etwas frei, so daß ich mich auf Dinge einlassen kann, an die ich mich früher nicht herangewagt hätte. Und da es für mich neu ist, berührt es meine Gefühle nicht so intensiv wie Bekanntes, meinem Leben Ähnliches.

Ich weiß: Es gibt Experten für gewisse Bereiche, für die jeweils bekannten Seiten. Das merke ich auch an mir. Und ich muß aufpassen, daß ich nicht gleich einsteige, wenn jemand eine Seite in mir berührt, für die ich Spezialistin bin, die mir bekannt ist.

Bernd Bei mir läuft das anders. Mein Einstieg ins Gespräch ist oft die Frage: Kommt dir das bekannt vor? Ja, sagen die meisten, mein Vater oder mein Großvater war so ähnlich.

In jedem einzelnen Fall interessiert mich die Frage: Was bringt Menschen dazu, bestimmte Dinge zu tun oder gerade nicht? Da ist es hilfreich und interessant, nachzuforschen, woher Verhaltensweisen stammen könnten. Wie hat es der Vater gemacht, wie die Mutter? Wer war dominant? Wer nicht? So erklärt sich auch manche Synthese, die schief anmutet, weil das Konzept der Mutter dominiert, das womöglich gar nicht ausreicht, um klarzukommen.

Oder es tauchen plötzlich Parallelen im Verhalten auf, werden erstmals wahrgenommen. Das festzustellen, mit meiner Hilfe, ist für die Ratsuchenden entlastend. Sie entdecken: Ich bin ja gar nicht allein dafür verantwortlich, daß es so gekommen ist, wie es kam. Sie können endlich sortieren, zuordnen. Wegtun, was nicht zu ihnen gehört und was sie nicht gebrauchen können. Das entlastet, und dann wird ihnen leichter ums Herz. Wenn wir das ganze Blatt an der Tafel vollgeschrieben haben, nehmen die Leute es meistens mit nach Hause. Manche kommen später damit noch einmal zu mir, weil ein neues Problem sie bewegt, und wir sehen uns die Skizze wieder an.

Harald Ott-Hackmann Stellst du fest, daß das Aufschreiben nützlich ist als Mittel, die Verhältnisse klarer auseinanderzulegen?

Bernd Ja, auf jeden Fall. Auch für mich. So verliere ich den Faden nicht und kann Zusammenhänge besser erkennen.

Brigitte Mir fällt es schwer, mich zu beschreiben. Das habe ich bei der Arbeit an meiner Familienskizze festgestellt. Beschrieb ich meine Schwester oder meine Mutter, ging es besser, denn ich konnte mich zuordnen oder vergleichen: So bin ich nicht, aber das kann ich auch.

Der gleiche Effekt stellt sich in der Arbeit mit den Ratsuchenden ein. Frage ich jemanden: Was kannst du? Wer bist du? Dann heißt es: Ich kann nichts. Ich bin nichts.

Aber wenn beschrieben wird, wie der Vater etwas gemacht hat oder die Großmutter, und wenn ich frage: Was steckt davon in dir? Kannst du das auch? – dann geht es besser. Die Leute können sich leichter zuordnen. Das verstehe ich gut, weil es mir auch so geht.

Ich arbeite mit älteren, psychisch kranken Menschen. Über sie gibt es meist wenig Informationen, was ihre Lebensgeschichten betrifft. Knapp gefüllte Krankenblätter, in denen mehr über die Krankenhäuser steht als über die Menschen. Deshalb ist die Familienskizze ein gutes Mittel für mich, ein Bild von dem Menschen zu bekommen, der da vor mir sitzt.

Ich kann das mit den Leuten natürlich nicht so machen, wie

wir es hier gelernt haben. Hin und wieder habe ich zehn Minuten Zeit, um einen Punkt zu besprechen, wenn es den Leuten so gutgeht, daß ich ihnen das zumuten kann, denn die meisten von ihnen können sich kaum noch konzentrieren. Außerdem ist so eine Gesprächssituation völlig neu für sie. Wahrscheinlich war ihnen vorher nie jemand begegnet, der sie nach ihrem Leben, nach ihren Familien gefragt hatte. Sie waren immer nur Schatten.

Aber sie reden, nach dem ersten, zweiten oder dritten Anlauf. Hinterher notiere ich, was sie gesagt haben. Und allmählich ergibt sich ein Bild für mich von dieser Frau, die mehr als dreißig Jahre in Krankenhausbetten verbracht hat und von der es einen zweiseitigen Bericht gibt, der nichts darüber enthält, wer sie ist, wo sie gelebt hat und mit wem.

Harald Ott-Hackmann Was, glaubst du, haben die Gespräche der Frau gebracht?

Brigitte Sie konnte sich erinnern, daß sie eine Geschichte hat. Nicht nur dreißig Jahre Psychiatrie auf zwei papierenen Bögen. Sie merkte: Ich bin wer. Ich habe einen Ursprung. Es gibt mich.

Petra Die Frauen, die zu uns kommen, reden zwar, aber leicht fällt ihnen das auch nicht. Sie haben alle Gewalterfahrungen. Doch sie decken das zu: Es ist nicht so schlimm, tut gar nicht so weh. Besser, die Familienkiste gar nicht erst aufmachen. Dann kann keiner reingucken, weiß niemand Bescheid, und es kann nichts Peinliches passieren. Es ist ja so: Der Frau ist das blaue Auge peinlich, das der Mann ihr geschlagen hat.

Wenn ich mit den Frauen eine Familienskizze mache, öffnen sie sich das erste Mal. Mit Öffnen meine ich: Ich bin Öffentlichkeit für sie, gehöre nicht zur Familie, bin keine Freundin. Wenn sie es mir erzählen, machen sie ihr Problem zu einem öffentlichen Problem. Gewalt wird auf einmal ein Thema, ist mehr als nur eine Familienangelegenheit.

Harald Ott-Hackmann Vorhin sagtest du: Zeit ist für mich wichtig. Bernd sagte: Mir ist wichtig, die Seiten der Familie neu zu ordnen und zu verbinden. Haben eure eigenen Erfahrungen mit der Familienskizze den Blickwinkel auf eure Arbeit verändert?

Bernd Ich kann das trennen, denke ich. Ich habe in der Beratung nicht das Gefühl, daß ich meine eigene Familiengeschichte bearbeite.

Jede Geschichte, die mir erzählt wird, unterscheidet sich von der zuvor gehörten und von meiner eigenen. Manchmal tauchen Parallelen auf. Trotzdem kommt es mir nicht in den Sinn, über meine eigenen Themen nachzudenken, in dem Moment.

Harald Ott-Hackmann Sicher ist es nicht nur hilfreich, die Seiten und Stränge der Geschichten aufzuschreiben, um sie besser zu überblicken. Man verpaßt ihnen durch die Verkürzung, die die Tafel vorgibt, eine zusätzliche Abstraktion. Beide, Beratende wie Ratsuchende, können dann besser trennen: Hier bin ich, und da sind die anderen.

Brigitte Ist es nicht gefährlich, wenn man feststellt, man hat die eigene Brille auf? Kann es nicht passieren, daß man ein Problem gar nicht erkennt, weil man gerade jetzt oder sowieso mit dem eigenen Thema beschäftigt ist?

Ulrike Dazu ein Beispiel: Am Anfang der Ausbildung befragte ich einen Mann zu seiner Familienskizze. Kaum fiel ein passendes Stichwort, sprach ich ihn auf das Thema an, das aus meiner eigenen Geschichte resultierte, nämlich das des verlassenen Kindes. Er hatte mir erzählt, daß er als Kind oft bei einer Tante war, also fort mußte von seinen Eltern. Bestimmt eine halbe Stunde löcherte ich ihn, wie es ihm damit ergangen sei. Aber er: Es ging mir nicht schlecht. Ich habe kein Problem damit. Wirklich nicht.

Hinterher, bei der Auswertung, wurde mir dann bewußt, daß es mein eigenes Thema war, das mir den Zugang zu ihm versperrte. Aber im Gespräch war ich ganz verzweifelt, weil er nicht auf mein Angebot einging.

Harald Ott-Hackmann Ist dir das später noch einmal passiert?

Ulrike Mit Petra passierte es mir noch einmal, weil auch Petra ein Problem mit ihrem Kind hat, das ein verlassenes Kind war. Als sie darüber sprach, merkte ich, daß etwas Bekanntes, Schmerzliches in mir berührt wurde und aufstieg. Aber ich konnte die Dinge schon sortieren und meins beiseite legen.

Barbara Ich kenne solche Übertragungen aus einer anderen Perspektive. Immer wieder kommen Eltern zu mir, deren Kinder nicht so spuren, wie sie es möchten. Wenn wir dann bei der Familienskizze etwas näher hinschauen, passiert es, daß eine Mutter plötzlich sagt: Wissen Sie, ich war als junges Mädchen auch immer auf Trebe, schwänzte die Schule und trieb meine Eltern zu Verzweiflung. Trotzdem ist ein ordentlicher Mensch aus mir geworden. Wie habe ich das eigentlich geschafft?

Da sieht die Mutter ihr Kind plötzlich nicht mehr nur als Sündenbock, sondern erkennt, daß die Tochter sich abgrenzen will von zu Hause, weil ihr alles zu eng wird. Das vermochte sie durch den Blick auf ihre eigene Geschichte, durch den Vergleich. In diesem Fall war es nicht die Erkenntnis der Unterschiedlichkeit von Verhaltensweisen, sondern der Ähnlichkeit, die Verständnis ermöglichte, und die Mutter konnte dem Mädchen mehr Raum lassen.

Harald Ott-Hackmann Oft stellt sich bei Familienskizzen heraus: So und so hat es der Großvater gemacht, damals, zu seinen Lebzeiten. Andere Familienmitglieder haben es auch so gemacht. Und sie sind damit zurechtgekommen. Bloß ich schaffe das nicht. Bei mir klemmt es immer irgendwo. Hast du so etwas schon mal erfahren?

Barbara Ja. Oft erschrecken Eltern, wenn sie nicht mehr umhin können, wahrzunehmen, was bei ihnen alles klemmt. Bisher schoben sie es auf das Kind. Aber plötzlich funktioniert das nicht mehr, und sie müssen sich stellen.

Besonders dramatisch ist das bei Scheidungskindern. Mütter oder Väter wünschen oft, daß ihr Kind vom verflossenen Partner nichts mehr erfährt, und behindern Kontakte mit allen Mitteln. Dennoch merken sie: Es gibt viele Ähnlichkeiten. Der Sohn redet wie sein Erzeuger. Die Tochter guckt immer so skeptisch, genau wie ihre Mutter. Das passiert täglich, und es läßt sich auf die Dauer nicht verdrängen.

Soll ein Kind nun anders reden oder gucken? Unsinn. Die Erwachsenen müssen etwas verändern.

Harald Ott-Hackmann Noch mal zurück zu der Frage: Ist es gefährlich, wenn die Beraterin oder der Berater ein Thema hat, das ihn oder sie selbst umtreibt? Sehen sie dann alles, was Ratsuchende in ähnlichen Zusammenhängen vorbringen, durch die eigene Brille?

Wenn wir unsere internen Themen kennen, dann ist es nicht gefährlich. Dann haben wir die Möglichkeit, uns davon zu distanzieren und dem Thema des Ratsuchenden nachzuspüren. Kennen wir unsere eigenen Themen jedoch nicht, wirken sie in uns, ohne daß wir das steuern können. Deshalb ist es wichtig, zu forschen: Welche Strategien, welche Traditionen, welche Potentiale meiner Familie, meiner Herkunft, sind in mir wirksam? Wenn ich sie kenne, im Guten wie im Bösen, dann kann ich Vielfalt zulassen. In meiner eigenen Geschichte, zu meiner eigenen Fragestellung wie in allen anderen Geschichten, Fragen oder Beschreibungen, die mir begegnen. Kenne ich mein Thema, kann ich mich von allen anderen Themen abgrenzen.

Die Familienskizze

Der Begriff Familienskizze beschreibt zunächst einmal das Resultat eines Vorgangs. Auf einem Stück Papier, an einer Tafel entsteht das Abbild einer Familie, ähnlich einem verzweigten Baum: Urgroßeltern, Großeltern, Eltern, Kinder, Geschwister, Onkel und Tanten, alle Leute, die zu den beiden Familien gehören und gehörten, denen ein ratsuchender Mensch seinen Ursprung verdankt. Ein Stammbaum also, ergänzt allerdings um die Fähigkeiten oder Besonderheiten, die die genannten und beschriebenen Personen auszeichnen.

In der Fachliteratur findet sich für derlei Aufzeichnungen häufig das Wort Genogramm. Da uns soziale Lernprozesse in Familien interessieren, Lebensstrategien, die von Generation zu Generation weitergegeben werden und weniger die Vererbung von äußeren Merkmalen wie Augenfarbe oder Körpergröße, wählten wir den Begriff der Familienskizze.

Ratsuchende kommen zu uns, weil sie ein Problem haben, das sie allein nicht lösen können. Im Gespräch darüber kristallisiert sich eine Frage heraus. Um einer Antwort auf diese Frage näher zu kommen, beginnen wir mit der Familienskizze.

Ganz oben stehen die Ratsuchenden selbst, und wir bitten sie, sich zu beschreiben: Wie war ihr Werdegang, welche Berufe ergriffen sie, welchen Hobbys gehen sie nach? Engagieren sie sich gesellschaftlich? Oder leben sie zurückgezogen? Welche Charaktereigenschaften haben sie, welche Ziele möchten sie erreichen? In Stichworten halten wir fest, was erzählt wird.

Nun folgt die Frage nach den Eltern. Was waren oder sind sie für Menschen? Auf welche Fähigkeiten oder Strategien würden sie im Zusammenhang mit der Fragestellung zurückgreifen? Ohne allzu lange über sie nachzudenken, gehen wir zu den Großeltern über.

Erfahrungsgemäß sprechen Ratsuchende unbeschwerter über ihre Großeltern, die sie nicht erzogen haben und von denen sie sich nicht lösen mußten. Der Blick auf die Großeltern ist durch Emanzipationskämpfe kaum getrübt. Darüber hinaus gestattet er, die Eltern in anderem Licht wahrzunehmen, als Kinder der Großeltern nämlich, also in ihrem Gewordensein. Auch die Möglichkeiten der Großeltern, bezogen auf die Ausgangsfrage, werden notiert.

An dieser Stelle des Gesprächs berufen sich Ratsuchende vielfach auf Überlieferungen, graben in Erinnerungen, erzählen Geschichten, aus denen sie auf Verhaltensweisen oder Charakterzüge der Altvorderen schließen.

Ist die Familienskizze soweit gediehen, fassen wir zusammen, welche Potentiale die beiden Ursprungsfamilien den Ratsuchenden bereitstellen, um die Ausgangsfrage zu beantworten. Als Rückmeldung erreicht uns fast immer: «Meine Güte, so habe ich meine Familie noch nie gesehen.»

Das Tafelbild, die Familienskizze, ermöglicht es, die einzelnen Mitglieder getrennt wahrzunehmen, als Mosaiksteine und nicht als zwei Blöcke, die väterliche und mütterliche Seite, oder als Gesamtbild, die Familie. Diese Dekonstruktion gestattet es, Familienmitglieder entsprechend ihren Potentialen um die Fragestellung herum zu gruppieren, Familie anders zu konstruieren. Auf diese Weise entsteht ein neues Bild der Familie. Soviel zur Technik der Familienskizze.

Lieferant für den Stoff, für die Psychologie der Skizze, ist das Leben jedes einzelnen Ratsuchenden selbst wie das seiner Herkunftsfamilien. Wir suchen nicht nach dem Kranken, dem Unbewußten und auch nicht nach komplizierten Beziehungen. Wir fragen nach dem Leben, wie es gelebt wurde, und erfahren dabei, wie plausibel, interessant und hilfreich dieser Ansatz ist.

Menschen, die mit ihren Problemen zu uns kommen, betrachten wir als historische Wesen, als Individuen, die ihr Mensch-Sein vor dem Hintergrund ihrer eigenen Lebensgeschichte, der Familiengeschichte und der gesellschaftlichen Verhältnisse entwickeln. Jeder Mensch hat seine Geschichte, stammt aus einer besonderen Region, aus einer bestimmten Familie und formt in diesem dialektischen Spannungsverhältnis seine Identität, ein

Leben lang. Der letzte Punkt dieser Entwicklung ist der Tod, die Art und Weise, in der der Mensch ihn inszeniert und erlebt.

Jeder Mensch muß also seine, die zu ihm passenden Strategien finden, um all die Fragen zu beantworten, die das Leben ihm stellt. Was für einen Partner brauche ich? Welche Arbeit will oder kann ich machen? Wie schmücken wir den Weihnachtsbaum? Wie lange kocht man ein Frühstücksei?

Hinter den Antworten auf solche Fragen stecken Anpassungsstrategien, die jeder Mensch benötigt, um mit der Welt zurechtzukommen. Manche Strategien entwickelt er selbst. Er wandelt Strategien ab, die ihm die Familie oder sein Umfeld vorgelebt haben, um sie sich anzueignen. Andere übernimmt er unbewußt. Gerade diese Strategien sind es häufig, die ihn eines Tages hemmen, die untauglich geworden sind für die Lösung von Problemen.

Kinder orientieren sich zuerst an der Familie, wenn sie versuchen, die Welt zu erkennen. Wie macht mein Vater dies? Wie meine Mutter das? Dabei nehmen sie Unterschiede wahr, die man als Thesen oder Antithesen bezeichnen könnte. Aus Thesen und Antithesen, die sie im Laufe des Heranwachsens kennenlernen, bilden Kinder Synthesen, eigene Lösungsversuche, eigene Antworten auf Lebens- oder Alltagsfragen. Nicht anders verhält es sich letztlich bei der Familienskizze. Die Dekonstruktion der Familie ermöglicht es, ihre Mitglieder voneinander unterscheiden zu können und als Thesenlieferanten für die jeweilige Fragestellung zu erkennen. Oder als Lieferanten von Material beim Konstruieren der Antworten.

Wir benutzen die Methode der Familienskizze vor dem Hintergrund systemischer Annahmen und folgen dem chilenischen Biologen Humberto Maturana, der neue Gedanken über die Entwicklung des Lebens und lebendiger Systeme formuliert hat. Humberto Maturana sagte sinngemäß, daß Menschen ihre Umwelt beobachten und dabei individuelle Unterscheidungen treffen. Zugang zur Wirklichkeit finden sie, indem sie Unterschiede erzeugen und mit anderen Menschen darüber kommunizieren.

Genau nach diesem Prinzip funktioniert die Familienskizze.

Wir arbeiten Unterschiede heraus zwischen dem großväterlichen und großmütterlichen Umgang mit der Welt; wir bilden mit den Hilfesuchenden Unterscheidungen, sprechen darüber und schaffen damit Wirklichkeiten. Das heißt, wir können uns besser erklären, warum die Großmutter sich zum Beispiel vor Fremden fürchtete und der Großvater nicht. Und wir finden heraus, was dies mit uns zu tun hat, heute, in einer ganz anderen Zeit.

Wir folgen Maturanas Idee, daß Menschen sich aus sich selbst heraus steuern. Ob Einzelpersonen, Familien oder Teams zu uns kommen, wir halten keine Antworten auf ihre Fragen bereit. Wir können keine Lösungen anbieten, die zu ihnen passen. Aber wir können, so bescheiden wie respektvoll, versuchen, ihnen behilflich zu sein, indem wir sie irritieren, verstören und auf diese Weise dazu beitragen, daß sie andere, besser passende Lösungswege entwickeln als die, die sie bislang verfolgten. Um noch einmal mit Maturana zu reden: Wir können andere Systeme prinzipiell nicht steuern, sondern ihnen nur behilflich sein, sich weiterzuentwickeln.

Jeder Mensch hat seine Vorstellungen von der Welt. Führen diese Vorstellungen dazu, daß er in unbefriedigende Lebenssituationen gerät, muß er sie letztlich verändern, eine neue Ordnung erzeugen und ausprobieren, ob er nun zufriedener lebt. Eine neue Ordnung kann aber nur dann wachsen, wenn die alte verstört ist: durch einen Gedanken beispielsweise oder eine Idee, die im ersten Moment völlig absurd zu sein scheint, ungewöhnlich zumindest.

Ein Beispiel: Die Urgroßmutter war verrückt, wird in der Familie erzählt. Auf einem Motorrad donnerte sie jeden Sonntag durch das Dorf, in Hosen und mit einem Lederkäppchen auf dem Kopf. Die Bauern trauten sich kaum vor die Hoftore. Eine schrille Person, diese Urgroßmutter, auf deren Lebensstrategien man lieber nicht zurückgreift. Oder?

Vielleicht war sie eine emanzipierte Frau, ihrer Zeit weit voraus? Sicherlich war sie mutig und überaus selbstbewußt. Wahrscheinlich hatte sie sogar technischen Sachverstand. Sie war nicht verrückt, sondern vielmehr ein starkes Weib. Jedenfalls lohnt es sich, zu prüfen, welches Potential ihr Leben zur Verfügung stellen kann, um die Frage zu beantworten, um die es geht.

Auf der Suche nach Fähigkeiten, nach ungenutzten Ressourcen ist es hilfreich, neue Ideen zu alten Geschichten anzubieten. Finden Ratsuchende eine solche Idee attraktiv, werden sie ihr nachgehen. Sie brauchen dieses angenehme, positive Erlebnis, denn sie müssen ihre Ordnung, ihre Vorstellungen von der Familie überprüfen, Überlieferungen kritisch befragen.

War die Urgroßmutter nun verrückt? Oder war sie höchst passabel? Liegt letzteres nahe, dann ändert sich auch das Bild vom Urgroßvater, ihrem Partner. All jene, die sie abwerten, wären neu zu bedenken. Wenn sie eine tolle Frau war, dann ändert sich letztlich die Welt.

Was wir in der Beratung bieten können, ist eine solche Verstörung. Ob sie angenommen wird, ob etwas Neues entsteht und wie es aussieht, das ist nicht steuerbar. Aus diesem Grunde paßt der klassische therapeutische Begriff des Heilens auch nicht in unser Konzept. Wir haben kein Rezept. Wir wissen nicht, welchen Effekt wir erzielen, wenn wir dies tun oder jenes unterlassen. Wir stellen uns lediglich zur Verfügung, mit unseren Lebenserfahrungen, mit unserem Fachwissen und mit Respekt vor dem Gegenüber.

Diese Haltung setzt Vertrauen in die Möglichkeiten und Fähigkeiten der Ratsuchenden voraus, ihre Wege mit unserer Hilfe selbst zu finden. Das gilt schon für Kleinstkinder, es gilt für behinderte Menschen, für Frauen und Männer, für Familien und Teams – für alles, was menschliches Leben und seine Organisationsformen ausmacht, die sich autonom entwickeln und sich ihrer Umwelt anpassen.

Wenn wir unsere Rolle als bescheiden und zurückhaltend beschreiben, müssen wir dennoch wissen, was wir tun, in welchem Kontext wir handeln und Therapie, Beratung oder Supervision betreiben. Doch unserer Tätigkeit sind von vornherein Grenzen gesetzt. Deswegen Ludewig: Handle wirksam, auch wenn du nicht weißt, wohin das führt.

In den Geschichten, die wir erzählt haben, zeigte sich, daß

Menschen aus ihrem eigenen Willen heraus handeln. Für ihr Handeln wie ihr Unterlassen sind sie genauso verantwortlich wie wir für das unsere.

Familienskizze – Heiko

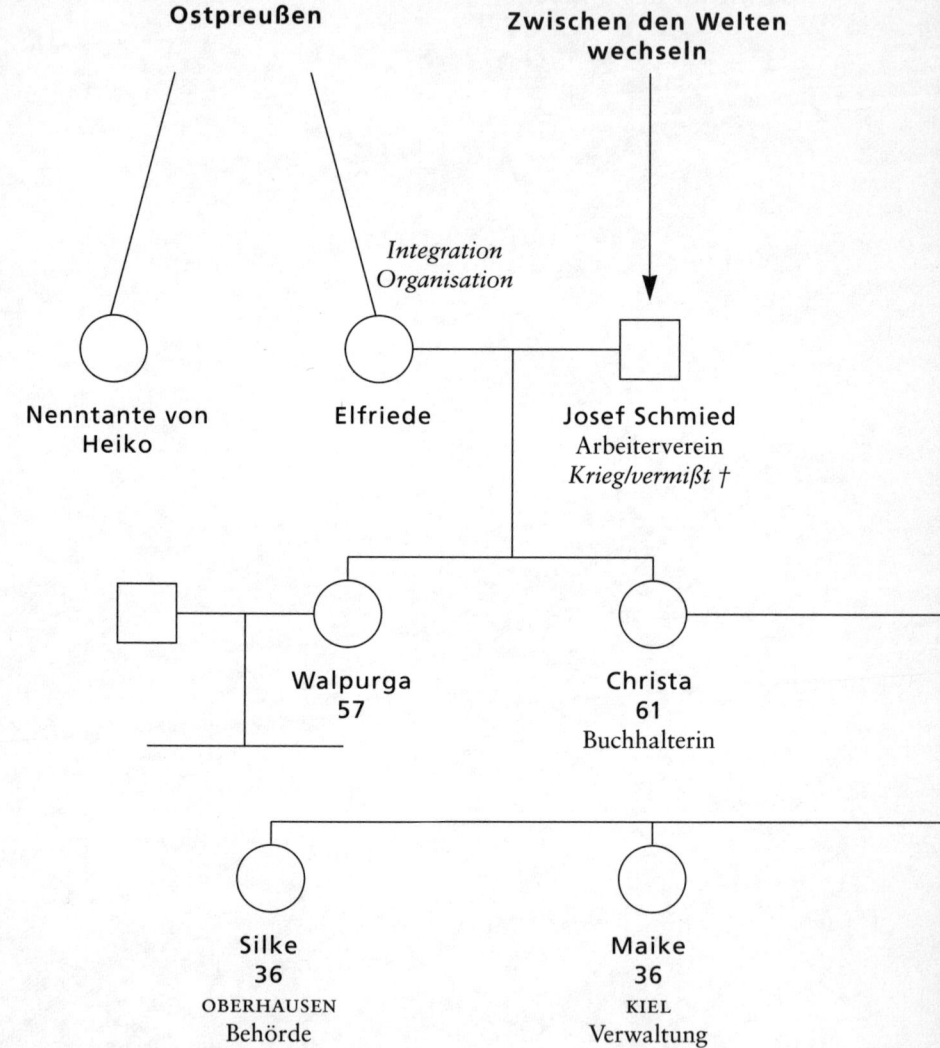

Ostpreußen

Zwischen den Welten
wechseln

*Integration
Organisation*

Nenntante von
Heiko

Elfriede

Josef Schmied
Arbeiterverein
Krieg/vermißt †

Walpurga
57

Christa
61
Buchhalterin

Silke
36
OBERHAUSEN
Behörde

Maike
36
KIEL
Verwaltung

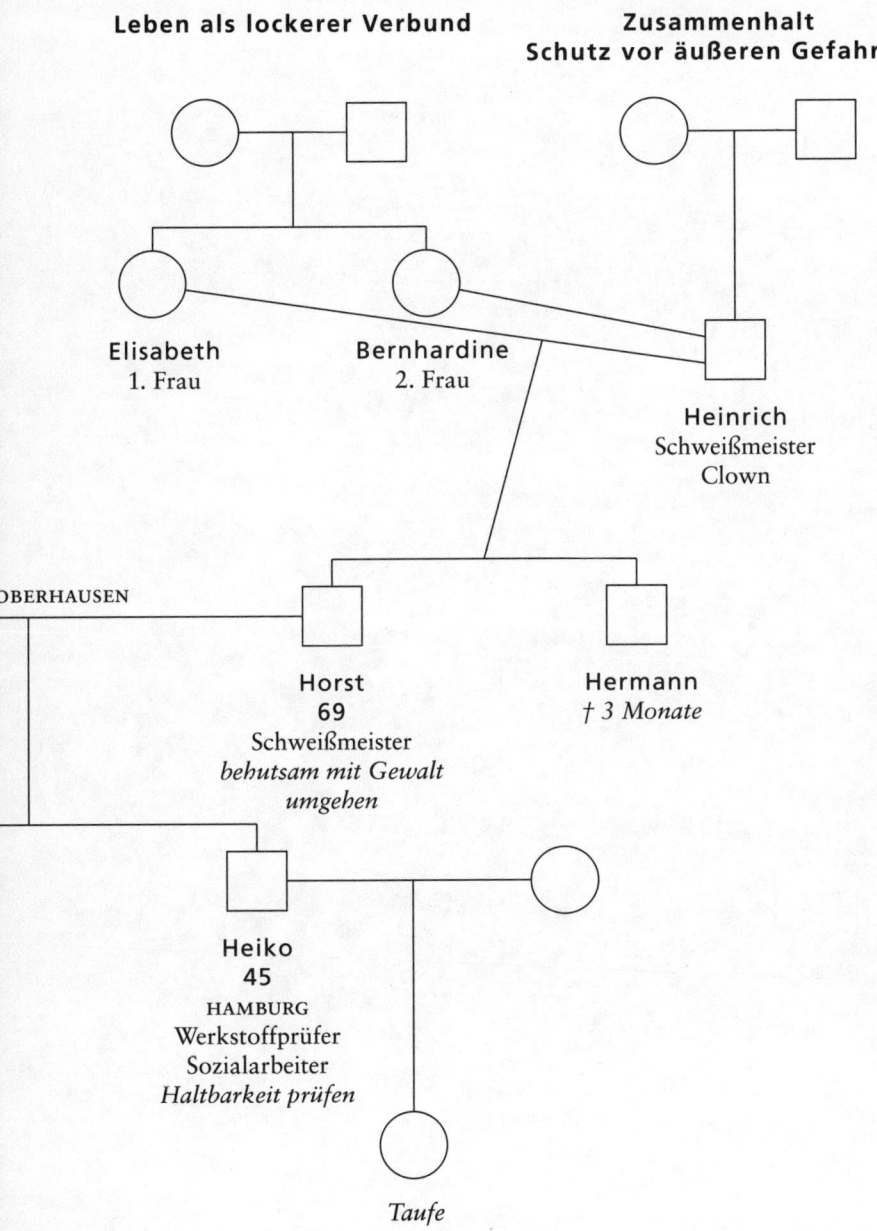

Leben als lockerer Verbund

**Zusammenhalt
Schutz vor äußeren Gefahren**

Elisabeth
1. Frau

Bernhardine
2. Frau

Heinrich
Schweißmeister
Clown

OBERHAUSEN

**Horst
69**
Schweißmeister
*behutsam mit Gewalt
umgehen*

Hermann
† 3 Monate

**Heiko
45**
HAMBURG
Werkstoffprüfer
Sozialarbeiter
Haltbarkeit prüfen

Taufe

Literaturempfehlungen

Dell, Paul F.: Klinische Erkenntnis. Dortmund 1990
  Auf der Grundlage von Maturanas Werk zeigt Paul F. Dell, wie systemische Arbeit die Entwicklung unseres Denkens und Handelns fördert und wie sie organisiert wird.
Fuchs, Peter: Niklas Luhmann – beobachtet. Opladen 1993
  Peter Fuchs präsentiert Luhmanns Theorie sozialer Systeme. Der Autor verpackt sie in eine Geschichte, was den Zugang erleichtert.
Imber-Black, Even (Hg.): Geheimnisse und Tabus in Familie und Familientherapie. New York, London 1993
  Ein Autorenteam beschreibt die Dynamik, die durch Geheimnisse und Tabus in Familien erzeugt werden kann, und beleuchtet das daraus entstehende Dilemma therapeutischer Arbeit.
Ludewig, Kurt: Systemische Therapie. Stuttgart 1992
  Kurt Ludewig stellt die Entwicklung der Psychologie bis zur systemischen Therapie dar und verarbeitet die Theorien Maturanas und Luhmanns zu einem klinischen psychologischen Ansatz. Das Buch enthält Fallbeispiele, die diese Synthese verdeutlichen.
Luhmann, Niklas: Soziale Systeme. Frankfurt am Main 1984
  Niklas Luhmann beschreibt seine Theorie sozialer Systeme und behandelt das Thema Kommunikation.
Roedel, Bernd: Praxis der Genogrammarbeit. Dortmund 1990
  Bernd Roedel beschreibt die Technik des «banalen Fragens», die sich bei der Arbeit mit der Familienskizze bewährt hat.
Schlippe, Arist v., Schweitzer, Jochen: Lehrbuch der systemischen Therapie und Beratung. Göttingen 1997
  An vielen Fallbeispielen veranschaulichen Arist v. Schlippe und Jochen Schweitzer verschiedene methodische Elemente systemischen Arbeitens.
Maturana, Humberto und Varela, Francisco: Der Baum der Erkenntnis. Bern, München, Wien 1987
  Humberto Maturana und Francisco Varela schreiben über die biologischen Wurzeln menschlichen Erkennens und entwickeln das Prinzip der Selbststeuerung von Systemen.
Watzlawick, Paul: Die erfundene Wirklichkeit. München 1985
  Paul Watzlawick beschäftigt sich mit der Frage, wie wir wissen, was wir zu wissen glauben.